重庆市高等学校“三特行动计划”建设项目（贸易经济特色专业）资助成果

网络零售学教程

WANGLUO LINGSHOUXUE JIAOCHENG

沈红兵　主编

西南财经大学出版社

图书在版编目(CIP)数据

网络零售学教程/沈红兵主编. —成都:西南财经大学出版社,2017.1(2017.12 重印)
ISBN 978-7-5504-2778-5

Ⅰ.①网… Ⅱ.①沈… Ⅲ.①网上销售—零售—高等学校—教材 Ⅳ.①F713.36

中国版本图书馆 CIP 数据核字(2016)第 315092 号

网络零售学教程

沈红兵 主编

责任编辑:李筱
封面设计:墨创文化
责任印制:封俊川

出版发行	西南财经大学出版社(四川省成都市光华村街 55 号)
网　　址	http://www.bookcj.com
电子邮件	bookcj@foxmail.com
邮政编码	610074
电　　话	028-87353785　87352368
照　　排	四川胜翔数码印务设计有限公司
印　　刷	四川五洲彩印有限责任公司
成品尺寸	185mm×260mm
印　　张	8.75
字　　数	190 千字
版　　次	2017 年 1 月第 1 版
印　　次	2017 年 12 月第 2 次印刷
书　　号	ISBN 978-7-5504-2778-5
定　　价	21.80 元

前 言

电子商务是人类商业发展史上一次新的革命，是现代商业中影响最广泛、渗透最有力、发展最迅猛、创新最突出、前景最广阔的一种商业形态。

在2014年召开的中国电子商务大会上，商务部发布的《中国电子商务报告（2013）》数据显示，我国电子商务持续快速发展，交易总额突破10万亿元，同比增长26.8%。其中，网络零售交易额超过1.85万亿元，同比增长41.2%，占社会消费品零售总额的比重达7.8%。网络零售交易总额占社会消费品零售总额比重由2008年的1.2%上升到2013年的7.8%，我国的网络零售市场超过美国成为全球最大的网络零售市场。

从亚当·斯密、大卫·李嘉图的古典经济学，到阿尔弗雷德·马歇尔的剑桥学派、马克思主义经济学，再到梅纳德·凯恩斯的宏观经济学、米尔顿·弗里德曼的芝加哥经济学派等，无数经济学先贤们围绕资源的高效配置这个核心问题提出了各式各样的理论体系。他们对生产与扩大再生产涉及的生产、分流、分配、消费四个环节受时间与空间的限制提出了一些解决思路，如完全信息博弈假说、有效市场假说等以及模糊预测模型、神经网络预测模型、灰色预测模型等，以解决在时空限制下的资源有效配置问题。这些预测模型所依赖的数据来源的有限性、片断性、时滞性、非结构性，使得预测很难与实际发展相符。面对工具的有限性，先贤们更多的是无奈。实现资源的高效配置成为一个可想而不可及的梦。

互联网特别是移动互联网和云计算有效地突破了时空的限制，Anytime（任何时间）、Anything（任何物品）、Anyone（任何人）、Anywhere（任何地点）、Anyhow（任何方式）的生产、流通、分配、消费的“5A”理论成为实现资源要素最有效配置的终极追求和梦想。突破制约预测准确性的数据来源的片断性、时滞性、非结构化、非自动获取等数据障碍，在不遗漏哪怕是最微小数据的前提下，实现了完全大数据下的精确预测，为资源的高效配置增添了前所未有的利器，并由此诞生了一种新的基于电子商务交易机理与大数据预测的经济学理论体系。

2015年3月5日，十二届全国人大三次会议上，李克强总理在政府工作报告中首次提出“互联网+”行动计划，一时间成为全民热词。李克强在政府工作报告中提出，制订“互联网+”行动计划，推动移动互联网、云计算、大数据、物联网等与现代制造业结合，促进电子商务、工业互联网和互联网金融健康发展，引导互联网企业拓展国际市场，“互联网+”代表着一种新的经济形态，充分发挥互联网在生产要素配置中的优化和集成作用。2015年7月4日，国务院发布《关于积极推进“互联网+”行动的指导意见》，意味着国家从顶层设计上明确了创新创业、协同制造、现代农业、电子商务等11个引领着未来新业态发展方向的重点行动领域。将互联网的创新成果深度融合于经济社会各领域之中，提高实体经济的创新力和生产力，形成更广泛的以互联网为基础设施和实现工具的经济发展新形态。商务部于2015年5月15日发布《“互联网+流通”行动计划》，提出在农村电商、线上线下融合以及跨境电商等方面创新流通方式，释放消费潜力，并在未来一至二年内，培育200个电子商务进农村综合示范县，创建60个国家级电子商务示范基地，培育150家国家级电子商务示范企业，推动建设100个电子商务海外仓，指导地方建设50个电子商务人才培训基地。

重庆作为西部唯一的直辖市、长江上游的经济中心、国家“一带一路”战略的重要支点，积极利用跨境电子商务国家试点城市等区位、产业基础与各类政策优势，积极发展跨境电子商务，使之成为转变经济增长方式、实现产业转型升级的重要突破口。2015年以来，重庆市电子商务继续保持着强劲的增长态势。

重庆工商大学是我国从事商贸流通领域研究与教学的重要基地，改革开放后恢复建校至今，为我国培养了大批商贸流通领域的骨干人才，形成了一批重要的理论成果。如果说重庆工商大学过去为中国传统商贸流通领域的发展培养了大批合格人才，那么，今天，我们也为培养更多的适应网络经济时代网络零售发展要求的专业人才做好了准备。

总之，以加快推进电子商务新业态发展为突破口，实现我国经济社会在新常态下又好又快发展，实现伟大的中国梦，为“十二五”完美收官和“十三五”顺利开局奠定良好基础，是我们义不容辞的责任和使命。

沈红兵

2016年10月

目录

第一章 网络零售学概述

学习目的和要求

本章主要阐述网络零售学的概念、研究对象、理论体系、研究方法等。通过本章学习，应达到以下目的和要求：

(1) 认识网络零售学的时代性、重要性、实践性。

(2) 了解并掌握网络零售学研究的主要内容。

(3) 了解并掌握网络零售学的研究方法。

本章主要概念

传统零售 网络零售 网络零售学 电子商务 网络零售交易模型

第一节 网络零售学及其研究对象

一、网络零售学的研究对象

(一) 学科研究对象的确立标准

研究对象是对某一学科研究范围及内容的高度概括。确定研究对象的意义是学科研究的起点，只有确立了研究对象，才能建立科学的学科体系。任何学科都有其特定的研究对象，没有特定研究对象的学科就不能称其为独立学科，而研究对象的区别正是学科间的根本区别标志。

1. 研究对象的特殊性

研究对象的特殊性即指学科要重点解决的特殊矛盾，用以回答此学科不同于其他学科的根本差别所在。毛泽东在《矛盾论》中指出："科学研究的区分，就是根据科学对象所具有的特殊的矛盾性。因此，对于某一现象的领域所特有的某一种矛盾的研究，就构成某一门科学的对象。""固然，如果不认识矛盾的普遍性，就无从发现事物运动发展的普遍的原因或普遍的根据；但是，如果不研究矛盾的特殊性，就无从确定一事物不同于他事物的特殊的本质，就无从发现事物运动发展的特殊的原因，或特殊的根据，也就无从辨别事物，无从区分科学研究的领域。"法国社会学家埃米尔·迪尔凯姆也指出："一门科学只有在真正建立起自己的个性并真正独立于其他学科时，才能成为一门真正的科学。一门科学之所以能成为特别的学科，是因为它所研究的现象，是其他学科所不研究的。如果各门科学所研究的现象相同，或者同样的概念可以不加区分地适用于各种不同性质的事物，那么，也就不可能有各门科学了。”可见，独有的研究对象是衡量学科能否独立存在的标准，学科间的区别就在于研究对象的区别。

2. 研究内容的概括性

研究内容的概括性是指研究对象能否对研究内容进行概括和集中反映。我国著名会计学大师余绪缨认为：“一门学科的（研究）对象，是其特定领域有关内容的集中和概括，是贯穿于该学科的始终的。”研究对象是最能反映理论本质的东西，具有概括、抽象、简洁的特征，一经抽象界定后，具有相对稳定性，一般不会轻易发生改变。研究内容是对研究对象的具体和丰富，随着学科发展、研究深入和实践的需要不断拓展和充实，具有多样、具体和变化的特征。但是，研究内容的这些表现在本质上应当与研究对象保持一致，否则，学科研究对象的存在性就值得怀疑。此外，对研究对象的强调与将学科的逻辑起点定位于目标的观点（如国内目前对战略管理会计的基本认识）并不冲突。学科的目标可能存在着最终目标、直接目标、具体目标的层次之别，而研究对象却最能概括地体现学科目标的核心所在。

3. 研究价值的实用性

研究价值的实用性是指研究的对象本身对于研究主体必须是有意义的，能够有助于研究主体认识世界、解释世界和改造世界，如果不能做到这一点，即使它是特殊的，也没有存在的必要。马克思在《1844 年经济学哲学手稿》中指出，研究“对象如何对他说来成为他的对象，这取决于对象的性质以及与之相适应的本质力量的性质，因为正是这种关系的规定性形成一种特殊的、现实的肯定方式”。实用性标准用以回答学科为什么存在的问题。

（二）网络零售学研究对象的确立

网络零售学是研究厂商与终端消费者之间以（移动）互联网为媒介相互交换商品和服务及其货款所有权特殊运动的规律的一门科学。

1. 网络零售学研究对象的特殊性

人类交换有数千年的历史，从最早的物物交换到以货币为中介的交换，再到现代意义的商品经济。随着现代科学技术的飞速发展，新的科学技术应用在了商品交换中，出现了通过报纸、杂志等印刷品，收音机、广播、电视机、无人售货机等机械、电子手段实现商品交换的商业模式，但这些商品交换模式都没有从根本上改变几千年来所形成的传统商业运行模式，即在有形市场上交换主体之间“一手交钱一手交货”（这里的“钱”一般是有形货币现金的形式）的即期交易（远期交易后来也发展成为一种重要的商业形式），而网络零售交易则是突破了实体有形市场的束缚，利用互联网特别是移动互联网来完成交易，最终形成了网络零售交易市场。

电子商务是人类商业发展史上一次新的商业革命，是现代商业中影响最广泛、渗透最有力、发展最迅猛、创新最突出、前景最广阔的一种商业形态。在 2014 年召开的中国电子商务大会上，商务部发布的《中国电子商务报告（2013）》数据显示，我国电子商务持续快速发展，交易总额突破10万亿元，同比增长26.8%。其中，网络零售交易额超过1.85万亿元，同比增长41.2%，占社会消费品零售总额的比重达7.8%。网络零售交易总额占社会消费品零售总额比重由2008年的1.2%上升到2013年的7.8%，我国的网络零售市场超过美国成为全球最大的网络零售市场。网络零售学就是研究在互联网和移动互联网新技术发展基础上出现的商贸流通新业态。

网络零售是指通过互联网或其他电子渠道，针对个人或家庭的需求销售商品和服务。该定义包含所有针对终端顾客（而不是生产性顾客）的电子商务活动，即企业对顾客（B2C）或网商对顾客（C2C），而不是企业对企业（B2B）。利用互联网发布商品信息、推广企业或塑造商品品牌等商业活动，虽然都属于B2C的范畴，但由于没有“商品和服务与货款的所有权相互让渡”的网上（线上）直接交易，而是交易撮合，在传统渠道完成交易或线下真正地交割货款，仍属于传统零售范畴。严格意义上的网络零售是指网商与网购者之间利用互联网进行的网货与网货款所有权相互让渡活动。

2. 网络零售学研究内容的概括性

任何一种规范的经济学研究必然有其核心概念，该概念是对众多经济现象的高度逻辑抽象。概念必须以事实为基础，同时又是对事实的高度概括。网络零售学的核心概念是：对网络零售中厂商与终端消费者之间，以网络媒介相互转让商品或劳务和货款所有权的交易活动及其特殊运动为基础，对该交易活动及其特殊运动规律进行高度概括所形成的一组概念，该核心概念簇本身又构成网络零售学学科的一个完整理论体系。

二、网络零售学学科定位

（一）网络零售学是属于经济学大范畴的一门应用经济学学科

经济学是对人类各种经济活动和各种经济关系进行理论的、应用的、历史的以及有关方法的研究的各类学科的总称。经济学又可称为经济科学（Economic Sciences），是研究人类个体及其社会在自己发展的各个阶段上的各种需求和满足需求的活动及其规律的学科，经济学（Economics）被称为“社会科学之皇后”。相对于人们的欲望，经济资源总是短缺的。经济学就是研究如何合理地配置稀缺的经济资源来满足人们的多种需求的学科。微观经济学与宏观经济学是经济学的基础。微观经济学是研究社会中单个经济单位的经济行为，以及相应的经济变量的单项数值如何决定的经济学说，亦称市场经济学或价格理论，其中心理论是价格理论。宏观经济学是以国民经济总过程的活动为研究对象，主要研究就业总水平、国民总收入等经济总量，宏观经济学也称为就业理论或收入理论。

理论经济学论述经济学的基本概念、基本原理以及经济运行和发展的一般规律，为各经济学科提供理论基础。应用经济学主要指应用理论经济学的基本原理研究国民经济各个部门、各个专业领域的经济活动和经济关系的规律性，或对非经济活动领域进行经济效益、社会效益的分析而建立的各个经济学科。它可分为若干个分支，其中，以国民经济个别部门的经济活动为研究对象的学科有农业经济学、工业经济学、商业经济学、建筑经济学、运输经济学等。商业经济学往下可分为零售学、批发学等。网络零售学是零售学的一个分支。

(二) 网络零售学是一门应用经济学交叉学科

网络零售学是现代商贸流通业中的一种全新的商品流通形态——以互联网和移动互联网作为媒介联结供需双方，实现买卖双方沟通、交易与支付结算的商品分配、流通新模式。网络零售学是零售学、网络经济学与电子商务的交叉学科，如图 1-1 所示：

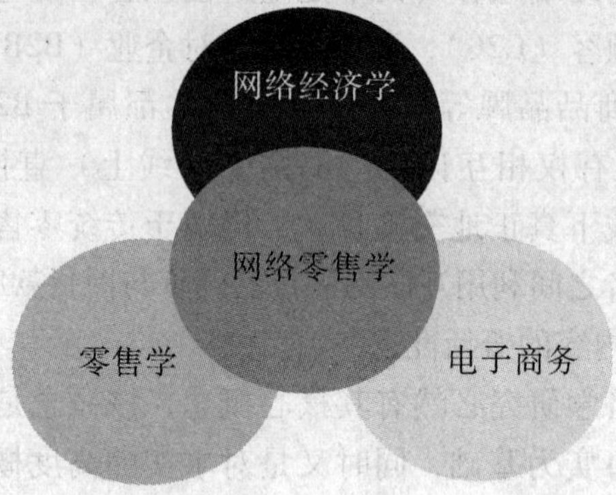

图 1-1　网络零售学是零售学、网络经济学、电子商务学科的交叉

与网络零售学联系紧密但又相区别的学科包括流通经济学、零售学、网络经济学、电子商务、电子支付与结算、网络营销等。

三、研究网络零售学的意义

研究网络零售学的意义是多方面的，可以从经济学学科建设、政府、企业和消费者四个方面进行讨论。

首先，研究网络零售学有利于建立完善经济学学科体系，弥补经济学理论解释当前经济现象乏力，理论指导实践能力欠缺的弱点，增强经济学对当前新经济特别是网络零售经济现象的解释与理论指导。网络零售学成为经济学中一门重要的应用经济学学科，填补了应用经济学的理论空白，从而有利于完善现代经济学学科体系。

其次，研究网络零售学有利于政府促进、引导现代流通产业特别是以互联网和移动互联网为媒介的网络零售业的健康发展。政府制定科学的网络零售产业政策必须要有相应的理论作支撑，而网络零售学是研究网商与网购者之间利用互联网进行网货与网货款所有权的相互让渡的活动，可为政府机构及相关人员制定产业发展宏观政策，优化产业组织与产业结构，帮助传统商贸流通业向全渠道零售转型升级，实现在新常态下我国的经济社会又好又快发展，提供理论依据与实证资料。

再次，研究网络零售学既有利于网络零售交易平台运营商或独立零售网站机构、人员以及网商正确选择投资领域，也有利于社会各级机构及人员建设和运营网络零售交易平台，通过网络零售实现“全民创业、万众创新”，可分析网络零售市场竞争状况，提高资源使用效率，从而制定正确的竞争策略，保持在网络零售市场中的竞争优势。

最后，研究网络零售学有利于引导网上消费者进行理性网络购物，规避网购风险，保障自身合法权益，利用网络零售市场方便、快捷、安全、多选择等优势丰富和提升生命体验，提高生活质量。

第二节　网络零售学理论体系

一、网络零售交易模型

网络零售一般交易规律用可用网络零售交易模型加以说明，如图 1-2 所示：

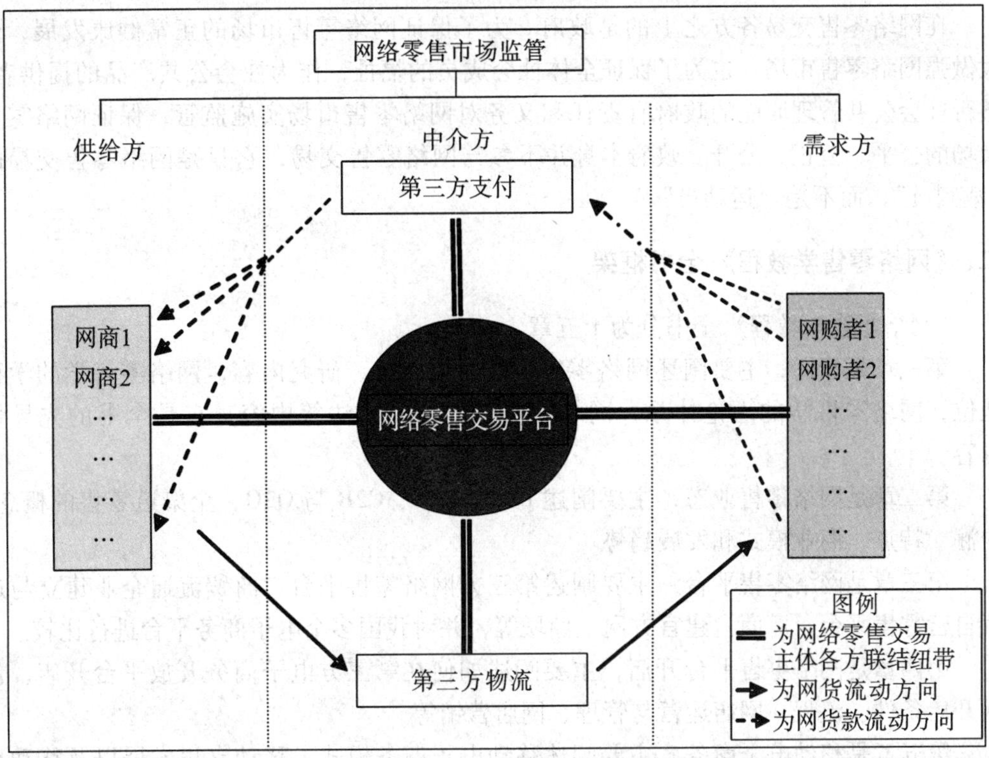

图 1-2　网络零售“商品（服务）-货款”交易模型

网络零售由交易的基本双方所构成，其中一方为供给方，他是网络零售交易的客体——网货（包括有形商品与服务型商品）的提供者，他们向网购者提供所需要的商品和服务；另一方是需求方，他是网络零售的客体——网货的需求者，他为了获得网货的所有权，满足其自身的效用必须向供给者支付一定的代价即网货款。网货所有权从供给方网商转移到需求方网购者，网货款所有权从需求方网购者转移到供给方网商，从而完成一个“商品（服务）⇌货款”的循环。其中，供给方网商在网络零售交易中，失去的是网货的所有权，得到的是网货款的所有权，并因此获得相应的利益（以价值形态存在）。需求方网购者在网络零售交易中，失去的是网货款的所有权，得到的是网货的所有权，并因此获得相应的效用（以实物或服务形态存在）。供求双方在交易完成后，“各取所需”“各得其所”“双向共赢”。这既是零售业产生于数千年前的奥秘，虽历经波折但依然保持非常顽强生命力的价值所在，也是网络零售业的内在运行规律。

所不同的是，与传统零售业的“商品（服务）⇌货款”相比，网络零售中的“网货⇌网货款”中加入了一个中介，即图 1-2 中的中介方——互联网，是互联网把交易的供需双方联结起来，而不是像传统零售一样通过有形实体市场把交易的供需双方联结起来，网络本身既是有形的，同时也是无形的。更重要的是，供需双方的交易通过互联网达成，并通过网络约定交易双方的权利与义务，其中需求方网购者放弃网货款所有权，通过电子支付工具，将相应的网货款所有权转移给供给方网商；而供给方网商则相应放弃网货所有权，将相应的网货所有权，通过物流转移给需求方网购者。

在网络零售交易各方之上的是政府。为了保证网络零售市场的正常健康发展，做大做强网络零售市场，也为了保证全体社会成员的福祉，作为社会公共产品的提供者，履行社会公共管理职能的政府有责任和义务对网络零售市场实施监管，保证网络零售市场的公平、公正、公开。政府本身并不参与网络零售交易，它只是网络零售交易的“裁判员”，而不是“运动员”。

二、《网络零售学教程》全书框架

《网络零售学教程》全书分为十五章。

第一章是概述，主要阐述网络零售学的研究对象、研究内容，网络零售学的学科地位，网络零售学的理论体系，网络零售学的研究方法等内容。它是全书的先导性内容。

第二章是网络零售业态，主要阐述 B2C、C2C、C2B 与 O2O，全渠道零售的概念、内涵、特点、商业模式和发展趋势。

第三章是网络零售平台，主要阐述第三方网络零售平台、商贸流通企业建立与运营自营零售平台、厂商自建官方网上商城等，并对我国多个电子商务平台进行比较。

第四章是网络零售平台开店，主要阐述如何在第三方电子商务开放平台开店，包括开店条件、流程、网店运营与管理、网店营销等。

第五章是移动电子商务，主要阐述移动电子商务模式、移动支付发展以及移动互联网零售营销策略。

第六章是跨境电子商务，主要陈述跨境电子商务发展、跨境电子商务平台以及跨境电子商务营销。

第七章是网络零售支付与结算，主要陈述网络零售支付与结算发展、网络零售支付流程及安全保障、第三方支付的作用以及电子支付的最新发展。

第八章是网规，主要阐述网络零售交易规则与监管产生的经济学原因、网规的内涵与外延、网规与传统网络零售交易规则相比所具有的不同特点、网规存在的价值与效用、网络零售平台网规的具体内容、网络零售市场监管的内容与目标等。

第九章是网络零售主要工具软件，主要阐述网络零售平台建站工具软件、修图工具软件与应用、IM 工具软件与应用、CRM 工具软件与应用以及 APP 开发工具软件与应用。

第十章是传统商贸企业转型电子商务，主要阐述传统商贸企业转型电子商务的现状，传统商贸企业转型电子商务的路径、方式、策略等。

第十一章是O2O智慧商圈，主要阐述传统商圈与智慧商圈的定义、各自特点，传统商圈面临的挑战和向智慧商圈转型升级的必要性。

第十二章是电子商务产业规划，主要阐述电子商务产业规划的目的、作用和价值，电子商务产业规划的主要内容，制定电子商务产业规划的方法和步骤。

第三节　网络零售学研究方法

在构建网络零售学的学科体系时，必须高度重视科学的研究方法。只有建立在科学研究方法之上的网络零售学，才能获得广泛的解释力和对实际经济运行的指导力。因为经济学的任务不仅是认识世界，科学地解释网络零售这种新的基于互联网的商品流通新业态和经济现象，更重要在于指导网络零售的经济实践。根据网络零售学的研究对象、学科性质和研究内容的复杂性，研究网络零售学有多种方法，主要包括：

一、宏观分析与微观分析相结合的方法

网络零售业是指生产厂商通过互联网媒介与终端消费者之间相互交换商品与货款所有权所构成的商品交换渠道与模式。我们在研究网络零售经济中，需要运用微观分析方法，掌握网络零售内部各个微观经济主体的特点，有针对性地进行研究；同时，又要运用宏观分析方法，把许多网络零售部门构成的整体作为研究对象，研究网络零售业在整个经济发展中的变动规律和对经济总量影响的规律。只有将宏观分析和微观分析有效地结合起来，才能充分认识网络零售产生、发展、变动的规律性，正确处理网络零售经济发展过程中出现的问题。

二、实证分析与规范分析相结合的方法

实证研究是网络零售经济学研究问题的基本方法。实证研究是对社会经济的实际运行情况进行描述、分析和解释的方法。实证研究通过分析实际经济运行的过程及其规律，说明社会经济现象“实际是什么”，它不涉及对实际经济运行状况和后果的评价，不回答社会经济现象好坏的问题。规范研究是分析社会经济应该怎样运行的方法。规范研究对社会经济运行的过程和结果做出理论分析和价值判断，评价利弊得失，回答社会经济现象“应该是什么”的问题，通过一定的价值标准进行判断与推理，找出更好地管理网络零售发展的方法和措施。在进行网络零售经济学的研究时，要将实证分析与规范分析结合起来，而不能将二者割裂开来，既要重视实证分析，又要进行规范分析，首先进行实证研究，然后再进行规范研究，发挥网络零售学揭示网络零售发展规律，促进网络零售发展的作用。

三、静态分析与动态分析相结合的方法

静态分析是分析事物在某一时点或横截面上的状况和带有规律性的特征的方法，这种方法有助于认识事物的现状，有助于进行比较研究，分析发现网络零售中存在的问题，从而有针对性地进行解决。然而，网络零售总是处于不停的发展变化之中，研究网络零售的发展变化规律，又必须运用动态分析的方法，这种方法更有利于揭示事物发展的规律。在许多情况下静态分析是动态分析的起点和基础，网络零售学的研究更注重动态的发展的观点，动态研究是研究网络零售经济的主要方法。

四、定性分析与定量分析相结合的方法

定性分析是对网络零售经济研究的内容进行一般的、规律性的总结，它不涉及具体的、量的计算。定量分析方法具有确定的量化内容，它通过建立一定的经济数学模型，确定网络零售经济中有关量的计量值，它涉及具体的数量计算。定性分析是定量分析的前提，能够减少定量分析的复杂性和难度；定量分析加深定性分析，使定性分析具体化、数量化、精确化、可操作化。

五、统计分析与比较分析相结合的方法

研究网络零售经济学要运用统计分析的方法，探寻网络零售内部客观存在的规律，总结出具有代表性的一般网络零售规律，从而指导网络零售的发展。由于不同国家、不同地区的网络零售所处的经济阶段不同、条件不同，网络零售发展的表现形式不同，因此还要运用比较分析方法，通过对大量的网络零售资料进行比较分析，分析各国的网络零售及网络零售之间的关系，并与该国的资源、人口、经济状况、文化传统等相联系，进行比较分析，从中得出相关的结论和经验，发展各国经济。因此，研究网络零售学，需要将统计分析与比较分析结合起来。

思考题

1. 网络零售学的研究对象是什么？
2. 网络零售学与电子商务的区别与联系是什么？
3. 网络零售交易模型的内容是什么？
4. 网络零售学有哪些研究方法？

第二章 网络零售业态

学习目的和要求

本章主要阐述网络零售业态定义、主要内涵、分类、发展历程及其各自商业模式，网络零售业态与传统零售业态的区别与联系，全渠道零售的产生、发展、内涵及主要内容。通过本章学习，应达到以下目的和要求：

（1）认识网络零售业态与传统零售业态的区别与联系。

（2）认识并掌握网络零售主要业态类型及其商业模式。

（3）认识并掌握全渠道零售内涵及其主要内容。

本章主要概念

零售业态　网络零售业态　B2C　C2C　C2B　O2O　全渠道零售　全渠道零售管理系统

零售业态（Retail Formats），是指销售市场向确定的顾客提供确定的商品和服务的具体形态。自19世纪中叶以来，世界市场的业态革命此起彼伏。零售业态是零售企业适应市场竞争日趋激烈的产物，是物竞其类、适者生存法则在商品流通领域的表现。

第一节 零售业态

一、零售业态概述

零售业态是指零售企业为满足不同的消费需求而形成的不同的经营形态。针对特定消费者的特定需求，按照一定的战略目标，有选择地运用商品经营结构、店铺位置、店铺规模、店铺形态、价格政策、销售方式、销售服务等经营手段，提供销售和服务的类型化服务形态。

零售业态是动态的、发展的。随着生产的发展、需求的增长，零售业态也在不断地发展。目前我国对八种零售业态进行了规范。

二、零售业态分类

零售业态的分类主要依据零售业的选址、规模、目标顾客、商品结构、店堂设施、经营方式、服务功能等确定。零售业态在网络零售业态产生以前，称为传统实体零售业态，主要分为八种：超市、便利店、大型综合超市、仓储式会员式商店、百货店、专业店、专卖店和购物中心。

1. 超级市场（Supermarket）

超级市场采取自选销售方式，以销售食品、生鲜食品、副食品和生活用品为主，是顾客每日需求的零售业态。

2. 便利店（Convenience Store）

便利店是以满足消费者便利性需求为目的的零售业态，主要提供便利商品、便利服务。按照便利店的标准，便利店的价格水准要高于超市的价格。顾客追求便利的时候，追求的亦是商品的功能，而不是价格，所以这是一个更高层次的消费需求。

3. 大型综合超市（Large Comprehensive Supermarket）

大型综合超市采取自选销售方式，以销售大众化实用品为主，是满足顾客一次性购足需求的零售业态。它与超市的不同之处，在于它销售的是大众化的实用品，满足的是顾客一次性购足的需求。

4. 仓储式会员商店（Warehouse Store）

仓储式会员商店是指会员制的仓储式商店，沃尔玛、麦德龙都属于这一类型。它们都是会员制，但是方式不一样，消费对象也不一样。麦德龙的会员制客户类似三级批发商，面向社会团体、中小商户，它的客户很集中，20%的顾客购买它80%的商品，它能更好地掌握其顾客的需求。

5. 百货店（Department Store）

百货店是指在一个大的建筑物内，根据不同的商品设立销售区，开展订货、管理、营运，满足顾客对时尚商品多样化选择需求的零售业态，是最普遍、最成熟的一种经营方式，也是现在经营最不景气的一种零售业态。最根本的原因在于这些店建立于20世纪90年代初经济最旺盛的时期，而且大部分在贷款利息最高的时候负债经营。

6. 专业店（Speciality Store）

专业店是指以经营某一大类商品为主，并且备有丰富专业知识的销售人员和适当的售后服务，满足消费者对某大类商品的选择需求的零售业态。这个业态在国外刚刚起步，有一个很好的发展空间。专业店是百货店最强有力的竞争对手。

7. 专卖店（Exclusive Shop）

专卖店是指专门经营或授权经营制造商的品牌，适应消费者对品牌选择需求的零售业态。经营的商品可以不是某一类的商品，但是是某一品牌的商品。如鳄鱼牌，它有衣服、皮带、皮夹、皮鞋、皮包等，都是一个品牌。消费者选择的是一个品牌，可能是一系列的产品，这种专卖店也发展得很好。

8. 购物中心（Shopping Mall）

购物中心是指企业有计划地开发、拥有、管理、营运的各类业态、服务设施的结合体。其是有计划开发的，由一些开发商来建设。与百货公司的根本不同的是三权分离，即物业、管理、经营形成独立三方，只有资本的渗透。与批发商场的不同在于购物中心有主力店，占很大比例，有主题、选址、设计，有统一计划，有管理公司统一管理。

随着现代科技的发展，零售业态中出现了无实体店铺零售业态类型。“无店铺销售”是现代市场营销的重要形式之一，它与各种类型实体店铺销售相比有着运作流程和管理方式上的巨大差异。作为一种与传统店铺销售相对应的销售业态，无店铺销售业态在信息技术迅猛发展的今天具有良好的发展前景和深远的经济意义。2004年10月开始实施的《零售业态分类》标准就已经首次将5种无店铺销售形式列为零售业态，无店铺销售方式被我国零售业正式承认。无店铺销售有以下几种方式：

一是电视购物（TV Shopping），即以电视作为向消费者进行商品推介展示的渠道，并取得订单的零售业态。

二是DM单邮购（DM Mail Order），即以邮寄DM商品目录作为向消费者进行商品推介展示的主要渠道，并通过邮寄等方式将商品送达消费者的零售业态。

三是网上商店（Online Store），即通过互联网络进行买卖活动的零售业态。

四是电话购物（Telephone Shopping），即主要通过电话完成销售或购买活动的一种零售业态。

五是自动售货机（Vending Machine，VEM），即能根据投入的钱币自动付货的机器。自动售货机是商业自动化的常用设备，它不受时间、地点的限制，能节省人力、方便交易，是一种全新的商业零售形式，又被称为24小时营业的微型超市。其分为三种：饮料自动售货机、食品自动售货机、综合自动售货机。

第二节　网络零售业态类型

网络零售是随着互联网技术的发展而出现的最新业态类型。网络零售（E-Retail）是指通过互联网或其他电子渠道，针对个人或者家庭的需求销售商品或者提供服务。网上零售（B2C/C2C）即交易双方以互联网为媒介的商品交易活动，通过互联网进行的信息的组织和传递，实现了有形商品和无形商品所有权的转移或服务的消费。买卖双方通过电子商务（线上）应用实现交易达成（商流）、交易信息查询（信息流）、货款交付（资金流）和商品交付（物流）等。

一、网络零售概述

1. 定义

中国电子商务研究中心发布的《2009年中国网络零售调查报告》给出了网络零售的定义，网络零售是指交易双方以互联网为媒介进行的商品交易活动，即通过互联网进行的信息的组织和传递，实现了有形商品和无形商品所有权的转移或服务的消费。

2. 优势

（1）降低了交易成本，提高了服务质量。网络零售为消费者选择最低价格的商品和服务提供了可能，只需点击鼠标即可完成购物，减少了购物时间，也免去了购物中心的嘈杂、拥挤，消费者可享受悠闲自在、随心所欲的高质量的服务。

（2）打破了时空限制。零售商家实现了 7×24 小时无节假日营业，消费者可随意安排购物时间。

（3）打破空间、地区限制，消费者在家里就可以购买全世界的商品。

（4）品类极大丰富，除法律禁止销售或不符合社会道德规范的商品与服务外，均能在网上销售和购买。

二、网络零售发展动因

网络零售的发展动因既有传统实体零售业态存在的自身问题，也有消费者需求的变化和互联网技术的迅猛发展。

1. 传统零售业态存在的问题

（1）零售业过剩。

（2）零售业对空间的要求较高。

（3）收益下降。

（4）人员随着店面的扩大增多。

2. 消费者需求的变化

（1）消费行为的改变。

（2）某些用户的消费行为从注重品牌转向注重最低价格。

（3）消费者用于购物的时间呈下降趋势。

（4）消费者希望享受高质量的服务。

3. 互联网技术的发展

（1）网络零售消除了时间和空间对交易的限制。

（2）无须考虑物理上的存储空间问题、人员问题、物理店面的成本，只需解决服务器容量问题。

（3）移动互联网技术的应用，出现了新的零售模式，网络零售开辟了新的市场空间。

（4）大数据、云计算和 LBS（Location Based Services）发展为精确分析消费者行为，实现精确营销提供了有力的工具。

三、网络零售业态类型

（一）B2C（Business to Consumer，即企业到消费者）

1. 综合类 B2C

综合类 B2C 电子商务系统支持全面的商品陈列展示、信息系统智能化、客户的关系管理、物流配送、支付管理等业务功能，具有许多能提高客户体验、提供人性化与视觉化的服务。

如当当网涵盖了图书音像、服装鞋靴、美妆饰品、手机数码、箱包家纺、食品家电等品类，为消费者提供更多生活、工作中需求的产品。

2. 垂直类 B2C

垂直类 B2C 电子商务系统是指围绕具体企业的核心领域，在其行业内继续挖掘新亮点的服务系统。本系统具有与行业内各种品牌的数据交换、多种支付手段、产品管理、服务管理、渠道商奖金和返点管理、生产商合作管理等许多定制功能。

3. 生产企业网络直销类 B2C

生产企业网络直销类 B2C 电子商务系统是以具体企业的战略定位和发展目标为依据建立的。它能协调企业原有的线下渠道与网络平台的利益，帮助实行差异化的销售。如：网上销售所有产品系列，而传统渠道销售的产品则体现地区特色。实行差异化的价格，线下与线上的商品定价根据时间段不同分别设置。线上产品也可通过线下渠道完善售后服务。

4. 平台类 B2C 网站

平台类 B2C 电子商务系统是一种拓宽网上销售渠道的业务平台。通常，中小企业的人力、物力、财力都十分有限，利用此系统可以形成一个较高知名度、点击率和流量的第三方平台以便为更多的中小企业服务。本系统具有完整的网络渠道开发、多类别产品展示、仓储系统管理、供应链管理、物流配送体系管理功能。

主要实现方式有新兴网上商店、传统商店上网。

（二）C2C

C2C（Consumer to Consumer，即消费者到消费者），就是个人与个人之间的电子商务。如一个消费者有一台电脑，通过网络进行交易，把他的商品出售给另外一个消费者，此种交易类型就称为 C2C 电子商务。

C2C 网络零售平台主要有淘宝网、拍拍网、易趣网、百度有啊网等。

（三）C2B

C2B（Consumer to Business，即消费者到企业），是互联网经济时代新的商业模式。C2B 是先有消费者需求产生而后有企业生产，即先有消费者提出需求，后有生产企业按需求组织生产。通常情况为消费者根据自身需求定制产品和价格，或主动参与产品设计、生产和定价，产品、价格等彰显消费者的个性化需求，生产企业进行定制化生产。

C2B 的核心是以消费者为中心，让消费者当家做主。站在消费者的角度看，C2B 产品应该具有以下特征：第一，相同生产厂家的相同型号的产品无论通过什么终端渠道购买价格都一样，也就是全国人民一个价，渠道不掌握定价权（消费者平等）。第二，C2B 产品价格组成结构合理（拒绝暴利）。第三，渠道透明。第四，供应链透明（品牌共享）。

C2B改变了原有生产者（企业和机构）和消费者的关系，是一种消费者贡献价值（Creation Value），企业和机构消费价值（Consumption Value）商务模式。

（四）O2O

O2O（Online to Offline，即在线到离线/线上到线下），是指将线下的商务机会与互联网结合，让互联网成为线下交易的前台，这个概念最早来源于美国。O2O的概念非常广泛，既可涉及线上，又可涉及线下，可以通称为O2O。

O2O电子商务模式需具备五大要素：独立网上商城、国家级权威行业可信网站认证、在线网络广告营销推广、全面社交媒体与客户在线互动、线上线下一体化的会员营销系统。

O2O商务模式的关键是：在网上寻找消费者，然后将他们带到现实的商店中。它是支付模式和为店主创造客流量的一种结合（对消费者来说，也是一种“发现”机制），实现了线上的购买，线下的服务。

四、网络零售业态发展的意义

1. 从供应链角度来看，网络零售使分销渠道结构扁平化

传统零售渠道天然地被空间距离隔开，因此可以形成总代理、区域代理等层层向下的金字塔状多级代理结构。网络渠道的兴起，首先为所谓的区域“窜货”提供可能。此外，一些网商从诞生之初，就形成了“前店后厂”的模式，抛去了中间的各级代理。总体看来，网商零售对渠道结构的改造降低了零售业的渠道成本。

2. 从商品类型来看，小众需求在网络渠道受到尊重

网络提供了足够宽广且廉价的零售平台，使得原本“小众”并难以支撑起一个实体零售网点或进入实体网点销售的需求，在网络零售平台上得以满足，并且这些零散却数量巨大的小众需求带来的销售总额并不亚于畅销商品。以中秋节前夕网络热卖的月饼模具为例，地面渠道中仅在专门的批发市场有售（并不面向个人消费者），原本也仅有少量的DIY爱好者通过C2C平台以及垂直类网络论坛购买。网商销售商品的同时会附带DIY月饼的食谱和方法供用户参考，客观上带动了月饼模具等DIY材料的需求增长，加上C2C平台适时的推动，带来了小众需求商品热销的局面。

3. 从客户关系及体验来看，自助式的购物体验使得消费过程更轻松

在超市尚不普及时，很多孩子都有攥着钱在柜台前想买一包零食却不敢开口的经历，在人际交往方式日渐虚拟化的今天，在实体网点被亦步亦趋的店员热情服务对于消费者来说并不一定是愉快的体验。这可以从一个侧面解释为什么一些奢侈品依然可以网上热卖，除了价格因素外，自助式的购物可以让消费者更加从容和自信。

4. 从技术创新与应用上看，移动购物需求使移动互联网技术创新与应用速度不断加快

传统电子商务已经使人们感受到了网络所带来的便利和乐趣，但它的局限性在于台式电脑携带不便，而移动电子商务则可以弥补传统网购的这种缺憾，可以让人们随时随地利用手机分享商品、购物，感受独特的手机购物体验。无线新技术，如WAP2，OS，GPRS，EDGE，UMTS/3G/4G，蓝牙、指纹识别一类的生物测定技术，以及安全交易技术、加密/解密和数字签名等技术的发展为移动购物提供了技术保障，反过来，消费者对网上购物的便利性、个性化、安全性要求，又促进了移动互联网技术的进一步发展和应用。

第三节 全渠道零售

随着网络零售特别是移动购物的兴起和发展，传统的实体零售渠道已很难满足消费者的需求和市场竞争的需要，生产企业和商贸流通企业迫切需要集合传统渠道与网上渠道，即全渠道零售方式。全渠道零售（Omni-Channel Retailing），就是指企业为了满足消费者任何时候、任何地点、任何方式购买的需求，采取实体渠道、电子商务渠道和移动电子商务渠道整合的方式销售商品或服务，提供给顾客无差别的购买体验。

一、全渠道零售定义

全渠道零售，是指企业采取尽可能多的零售渠道类型进行组合和整合（跨渠道）销售的行为，以满足顾客购物、娱乐和社交的综合体验需求，这些渠道类型包括有形店铺和无形店铺，以及信息媒体（网站、呼叫中心、社交媒体、E-mail、微博、微信）等。

二、零售渠道扩展史

零售业渠道演变经历了三个时代：单渠道时代、多渠道时代、全渠道时代。呈现出渠道从一到多，从狭窄到宽泛的演变过程，如图 2-1 所示。

（一）单渠道时代

20 世纪 90 年代以前，巨型实体店连锁时代到来，多品牌化实体店数量减少，这是砖头加水泥的实体店铺时代。单渠道模式经营的企业的困境在于渠道单一，由于购物半径的限制，实体店仅仅覆盖周边的顾客。随着时间的推移，实体店铺租金和人力成本等大幅上涨，而实体店铺总收入却在减少，成本增加，利润微薄，发展越发困难，其生存岌岌可危。

（二）多渠道时代

2000—2012 年，网上商店时代到来，零售商采取了线上和线下双重渠道，这是鼠标加水泥的零售时代。多渠道与单渠道相比其路径更丰富，但也面临着瓶颈：渠道分散，几套人马，管理成本上升；内部恶性竞争，抢夺资源，团队内耗，资源浪费；外部价格不同、促销不同、服务不同，顾客体验冰火两重天；左手打右手，效率下降，投资回报下降，亟须改变。

（三）全渠道时代

2013 年开始，企业关注顾客体验，有形店铺地位弱化，这是鼠标加水泥加移动网络的全渠道零售时代。由于信息技术进入社交网络和移动网络时代，形成了寄生在全渠道上工作和生活的群体，导致全渠道购物者崛起，一种信息传递路径就成为一种零售渠道。

图 2-1　零售渠道变革路线图

三、全渠道零售内容

全渠道零售内容如图 2-2 所示：

图 2-2　全渠道零售

实体渠道的类型包括实体自营店、实体加盟店、电子货架、异业联盟等；电子商务渠道的类型包括自建官方 B2C 商城、进驻电子商务平台如淘宝店、天猫店、拍拍店、QQ 商城店、京东店、苏宁店、亚马逊店等；移动商务渠道的类型包括自建官方手机商城、自建 APP 商城、微商城、进驻移动商务平台如微淘店等。

四、全渠道零售特征

全渠道零售具有三大特征：全程、全面、全线。

1. 全程

一个消费者从接触一个品牌到最后购买的全过程中，会有五个关键环节：搜寻、比较、下单、体验、分享。企业必须在这些关键节点保持与消费者的全程、零距离接触。

2. 全面

企业可以跟踪和积累消费者的购物全过程的数据，在这个过程中与消费者及时互动，掌握消费者在购买过程中的决策变化，给消费者个性化建议，提升购物体验。

3. 全线

渠道的发展经历了单一渠道时代即单渠道、分散渠道时代即多渠道的发展阶段，到达了渠道全线覆盖即线上线下全渠道阶段。这个全渠道覆盖就包括了实体渠道、电子商务渠道、移动商务渠道的线上与线下的融合。

五、全渠道零售对商贸流通的影响

全渠道零售理念对商贸流通业带来三大价值。

1. 全渠道零售是消费领域的革命

具体的表现是全渠道消费者的崛起，他们的生活主张和购物方式不同于以往，他们的消费主张是：我的消费我做主。具体的表现是他们在任何时候如早上、下午或晚间，任何地点如在地铁站、在商业街、在家中、在办公室，采用任何方式如电脑、电视、手机、iPad，都可以购买到他们想要的商品或服务。

2. 全渠道零售是企业或商家的革命

理念上从以前的“终端为王”转变为“消费者为王”，企业的定位、渠道建立、终端建设、服务流程、商品规划、物流配送、生产采购、组织结构全部以消费者的需求和习惯为核心。以渠道建设为例，企业必须由以往的实体渠道向全渠道转型，建立电子商务渠道和移动电子商务渠道，相应的流程建设，要建立营销、营运、物流配送流程，建立经营电商和移商渠道的团队，储备适应于全渠道系统的人才。

3. 全渠道零售拓展商家销售与营销范畴

除实体商圈之外的线上虚拟商圈，让企业或商家的商品、服务可以跨地域延伸，甚至开拓国际市场，也可以不受时间的限制 24 小时进行交易。实体渠道、电商渠道、移商渠道的整合不仅给企业打开千万条全新的销路，同时能将企业的资源进行深度优化，让原有的渠道资源不必再投入成本而能承担新的功能。如给实体店增加配送点的功能。又如通过线上线下会员管理体系的一体化，让会员只使用一个 ID 号就可以在所有的渠道内通行，享受积分累计、增值优惠、打折促销、售后等服务。

六、全渠道零售管理系统

全渠道零售商务平台软件是围绕线上线下一体化打造的全渠道零售平台软件，集移动应用、社交网络信息技术于一体，可跨平台、跨数据库灵活部署，能有效解决时尚品牌企业多品牌运营、统一库存共享、全方位订单中心、线上线下结算、全网会员体系等各业务维度的整合应用问题，成就企业智慧零售，为企业的转型创新提供保障，同时提升消费者和客户体验，为企业创造更高价值。

1. 全渠道零售管理系统业务结构

全渠道零售管理系统业务结构如图 2-3 所示：

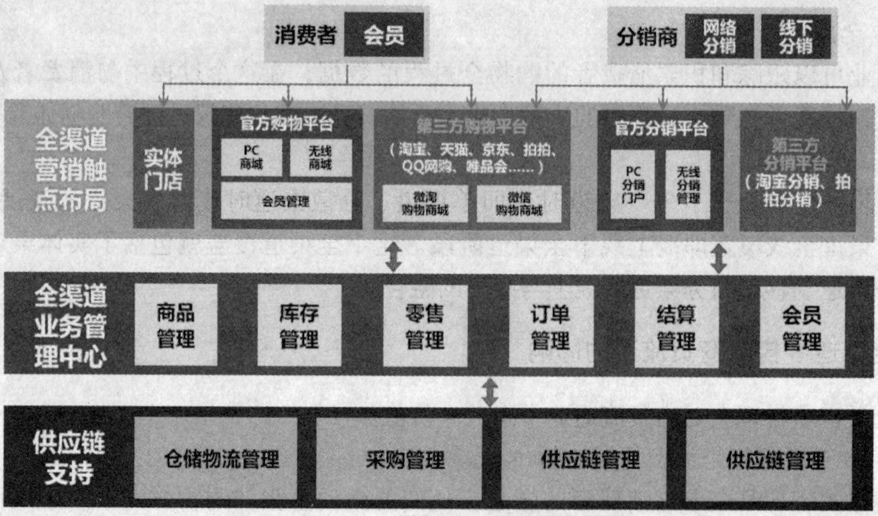

图 2-3　全渠道零售管理系统业务结构

2. 全渠道零售管理系统功能模块

全渠道零售管理系统功能模块如图 2-4 所示：

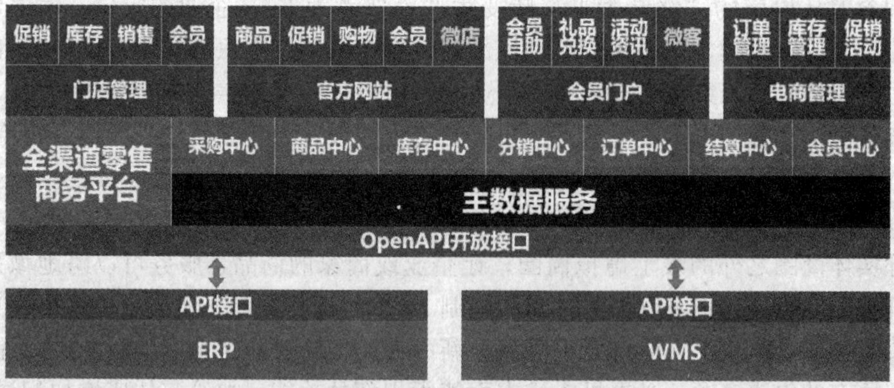

图 2-4　全渠道零售管理系统功能模块

3. 全渠道零售管理系统架构

全渠道零售管理系统架构如图 2-5 所示：

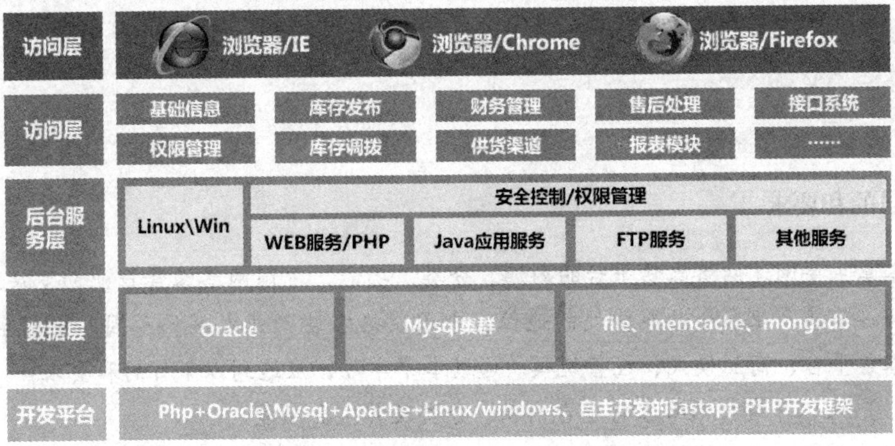

图 2-5 全渠道零售管理系统架构

思考题

1. 什么是零售业态?
2. 传统零售业态为什么必须向全渠道零售业态转型升级?
3. 什么是网络零售业态?
4. 网络零售业态包含哪些类型? 各自有什么商业模式?
5. 什么是全渠道零售?
6. 全渠道零售管理系统主要功能模块有哪些?

第三章　网络零售平台

学习目的和要求

本章主要阐述网络零售平台的内涵、分类、功能，中国网络零售产业的发展历程，中国网络零售产业在全世界所处的地位，中国网络零售产业发展的原因，中国主要的网络零售平台、商业模式、经营规模。通过本章学习，应达到以下目的和要求：

(1) 认识并掌握网络零售平台内涵、分类及其主要功能。

(2) 学习并了解中国网络零售产业的发展历程、行业地位、发展原因。

(3) 学习并掌握中国主要的网络零售平台及其商业模式。

本章主要概念

网络零售平台　电子商务网站　网络零售开放平台　网络零售垂直平台　网络零售独立商城　IP 流量　GMV　PV　转化率

第一节　网络零售平台概述

网络零售平台是指一个为企业或个人提供网上交易洽谈的平台。企业电子商务平台是建立在 Internet 网上，进行商务活动的虚拟网络空间和保障商务顺利运营的管理环境是协调、整合信息流、物质流、资金流使其有序、关联、高效流动的重要场所。企业、商家可充分利用电子商务平台提供的网络基础设施、支付平台、安全平台、管理平台等，共享资源，有效地、低成本地开展自己的商业活动。

一、网络零售平台的作用

1. 电子商务平台是一个为企业或个人提供网上交易服务的中介

电子商务建设的最终目的是发展业务和应用。一方面网上商家以一种无序的方式发展，会造成重复建设和资源浪费，电子商务平台可以帮助中小企业甚至个人，自主创业，独立经营一个互联网商城，达到快速盈利的目的，而且只需要很低的成本就可以实现这一愿望；另一方面商家业务发展比较低级，很多业务仅以浏览为主，需通过网外的方式完成资金流和物流的流动，不能充分利用 Internet 无时空限制的优势，因此，有必要建立一个业务发展框架系统，规范网上业务的开展，提供完善的网络资源、安全保障、安全的网上支付和有效的管理机制，有效地实现资源共享，从而实现真正的电子商务。

2. 为企业或个人网上交易提供基于互联网的公共服务

企业电子商务平台的建设，可以建立起电子商务服务的门户站点，是现实社会到网络社会的真正体现，为广大网上商家以及网络客户提供一个符合中国国情的电子商务网上生存环境和商业运作空间。企业电子商务平台的建设，不仅仅是初级网上购物的实现，它能够有效地在 Internet 上构架安全的和易于扩展的业务框架体系，实现 B2B、B2C、C2C、O2O、B2M、M2C、B2A（即 B2G）、C2A（即 C2G）、ABC 模式等应用环境，推动电子商务在中国的发展。电子商务平台可以帮助同行业中已经拥有电子商务平台的用户，提供更专业的电子商务平台解决方案。发展电子商务，不是一两家公司就能够推动的，需要更多专业人士共同参与和奋斗，共同发展。

二、网络零售平台的特点

1. 更广阔的环境

人们不受时间的限制，不受空间的限制，不受传统购物的诸多限制，可以随时随地在网上交易。通过跨越时间、空间，使我们在特定的时间里能够接触到更多的客户，为我们提供了更广阔的发展环境。

2. 更广阔的市场

在网上，这个世界将会变得很小，一个商家可以面对全球的消费者，而一个消费者可以在全球的任何一个商家购物。一个商家可以去挑战不同地区、不同类别的客户群，在网上能够收集到丰富的买家信息，进行数据分析。

3. 更快速的流通和低廉的价格

电子商务减少了商品流通的中间环节，节省了大量的开支，从而也大大降低了商品流通和交易的成本。通过电子商务，企业能够更快地匹配买家，实现真正的产供销一体化，能够节约资源，减少不必要的生产浪费。

4. 更好的技术支撑

网络零售平台为企业或个人提供的及时响应、安全支付、物流追踪、数据安全等技术支撑，以及搜索、店铺优化、流量导入、支付工具、数据分析、数据存储、物流资源整合、促销活动、信用评价等系统服务，有效地降低了企业或个人从事网络零售业务的技术门槛和成本，提高了社会的资源配置效率。

三、网络零售平台的主要功能

网络零售平台可提供网上交易和管理等全过程的服务，因此它具有广告宣传、在线展会、虚拟展会、咨询洽谈、网上订购、网上支付、电子账户、服务传递、意见征询、交易管理等各项功能。

1. 广告宣传

网络零售可凭借企业的 Web 服务器和客户的浏览，在 Internet 上发播各类商业信息。客户可借助网上的检索工具（Search）迅速地找到所需商品信息，而商家可利用网上主页（Home Page）和电子邮件（E-mail）在全球范围内进行广告宣传。与以往的各类广告相比，网上的广告成本最为低廉，而给顾客的信息量却最为丰富。

2. 咨询洽谈

网络零售可借助非实时的电子邮件（E-mail）、新闻组（NewsGroup）和实时的讨论组（Chat）来了解市场和商品信息、洽谈交易事务，如有进一步的需求，还可用网上的白板会议（Whiteboard Conference）来交流即时的图形信息。网上的咨询和洽谈能超越人们面对面洽谈的限制，提供多种方便的异地交谈形式。

3. 网上订购

网络零售可借助 Web 中的邮件交互传送实现网上的订购。网上的订购通常都是在产品介绍的页面上提供十分全面的订购提示信息和订购交互格式框。当客户填完订购单后，通常系统会回复确认信息单来保证订购信息的收悉。订购信息也可采用加密的方式使客户和商家的商业信息不会被泄漏。

4. 网上支付

网络零售要成为一个完整的过程，网上支付是重要的环节，客户和商家之间可采用信用卡账号进行支付，在网上直接采用电子支付手段可省去交易中很多人员的开销。网上支付需要更为可靠的信息传输安全性控制以防止欺骗、窃听、冒用等非法行为。

5. 电子账户

网上的支付必须有电子金融来支持，即银行或信用卡公司、保险公司等金融单位要为金融服务提供网上操作的服务，而电子账户管理是其基本的组成部分。

6. 服务传递

对于已付了款的客户，应将其订购的货物尽快地传递到他们的手中，而有些货物在本地，有些货物在异地，电子邮件能在网络中进行物流的调配，因而最适合在网上直接传递的货物是服务和信息类产品。

四、网络零售平台的主要类型

1. B2C 平台

B2C（Business to Customer），中文简称为“商对客”，是电子商务的一种模式，也就是通常说的直接面向消费者销售产品和服务的商业零售模式。这种形式的电子商务一般以网络零售业为主，主要借助于互联网开展在线销售活动。B2C 即企业通过互联网为消费者提供一个新型的购物环境——网上商店，消费者通过网络在网上购物、进行网上支付等。B2C 平台仍然是很多企业进行网上销售的第一选择。

2. 独立网上商城

独立网上商城是指凭借商城系统打造含有顶级域名的独立网店。独立网上商城是通过网店系统、商城系统等网上购物系统构建成的商城，是区别于其他多用户商城性质的商城。独立网上商城就像现实生活中的大型商场一样，拥有自己独立的店标、品牌、独立的企业形象。开独立网上商城的好处是：顶级域名、自有品牌、企业形象、节约成本、自主管理、不受约束。

3. C2C 平台

C2C（Consumer to Consumer）平台是指采用了 C2C 经营模式的网站，译为顾客对顾客，指直接为客户间提供电子商务活动平台的网站，是现代电子商务的一种。C2C 网站就是为买卖双方交易提供的互联网平台，卖家可以在网站上登出其想出售商品的信息，买家可以从中选择并购买自己需要的物品。例如拍卖网站就属此类，最著名的是 eBay 网站。另外，一些二手货交易网站也属于此类。

4. CPS 平台

CPS（Cost Per Sales，即按销售付费）联盟比“供应商代发货”模式更进一步，CPS 联盟实际上就是一种广告，以实际销售产品数量来计算广告费用，是最直接的效果营销广告。CPS 广告联盟就是按照这种计费方式，把广告主的广告投放到众多网站上。

CPS 模式成为主流推广模式的很大原因就是零风险。投广告时，很有可能花了大价钱而转化率却很低，竞价、直通车可能没有产生订单，但是 CPS 是产生了销售额才会有佣金，ROI（Return on Investment）转化率较高。

5. O2O 平台

O2O（Online to Offline）电子商务即线上网店线下消费，是指商家通过免费开网店将商家信息、商品信息等展现给消费者，消费者在线上筛选服务，并完成支付，线下进行消费验证和消费体验。O2O 平台由于其高性价比，受到很多用户青睐。

6. 银行网上商城

传统银行开设网上商城的目的是让使用信用卡的用户分期付款。随着电子商务普及、用户需求增强、技术手段提升，银行网上商城也逐步成熟起来。银行网店为用户提供了全方位服务，包括积分换购、分期付款等，也覆盖支付、融资、担保等业务，最为显著的是给很多商家提供了展示、销售产品的平台和机会。

7. 运营商平台

通讯运营商如中国移动、中国联通、中国电信，现阶段都有属于自己的商城平台。由于通信业务的硬性需求，运营商平台的用户始终具有一定的依赖性和粘性，所以提前抢占这些平台具有很大的战略意义，可抢占网络零售市场。

8. 第三方电子商务

B2T2B（Business to Third Party to Business），是指中小企业依赖第三方提供的公共平台（如阿里巴巴、环球资源、Directindustry 平台）来开展电子商务。真正的电子商务应该是专业化、具有很强的服务功能、具有“公用性”和“公平性”的第三方服务平台，信息流、资金流、物流三个核心流程能够很好地运转。平台的目标是为企业搭建一个高效的信息交流平台，创建一个良好的商业信用环境。

第二节 网络零售产业发展

一、中国网络零售产业现状

（一）中国网络零售产业总体规模

1. 2011 年网络零售占中国社会零售总额比重近 5%

国家统计局发布资料显示，2011 年全年中国社会消费品零售总额 181 226 亿元，同比增长 17.1%。据艾瑞咨询 2012 年 1 月发布的最新统计数据显示，2011 年中国网络购物市场交易规模接近 8 000 亿元，达 7 735.6 亿元，较 2010 年增长 67.8%。2010 年中国网络购物市场交易规模占社会消费品零售总额的比重从 2010 年的 2.9%增至 2011 年的 4.3%。上海、北京等一线城市已达到 5%以上，2012 年这一比重在全国范围内达到 6.3%。截至 2011 年 12 月底，我国网购者规模达到 1.94 亿人，在网民中的渗透率为 37.8%。与 2010 年相比，网购用户增长 3 344 万人，增长率为 20.8%，网上购物已成为互联网最主要应用之一。如图 3-1 所示。

2. 2010 年中国网络零售市场交易规模约占全球 1/7

2010 年全球网络购物交易规模达 5 725 亿美元，同比增长 19.4%；在 2010 年全球整体网络购物交易规模中，欧洲（34%）、美国（29%）和亚洲（27%）占比总和达 90%，呈现三足鼎立格局，中国约占有全球市场的 1/7。

3. 2015 年中国成为全球最大的网络零售市场

美国《商业周刊》（BusinessWeek）在 2011 年 11 月发表的研究报告认为，2015 年中国网络零售市场交易额将突破 2 万亿元人民币，超过美国成为全球最大的网络零售市场。

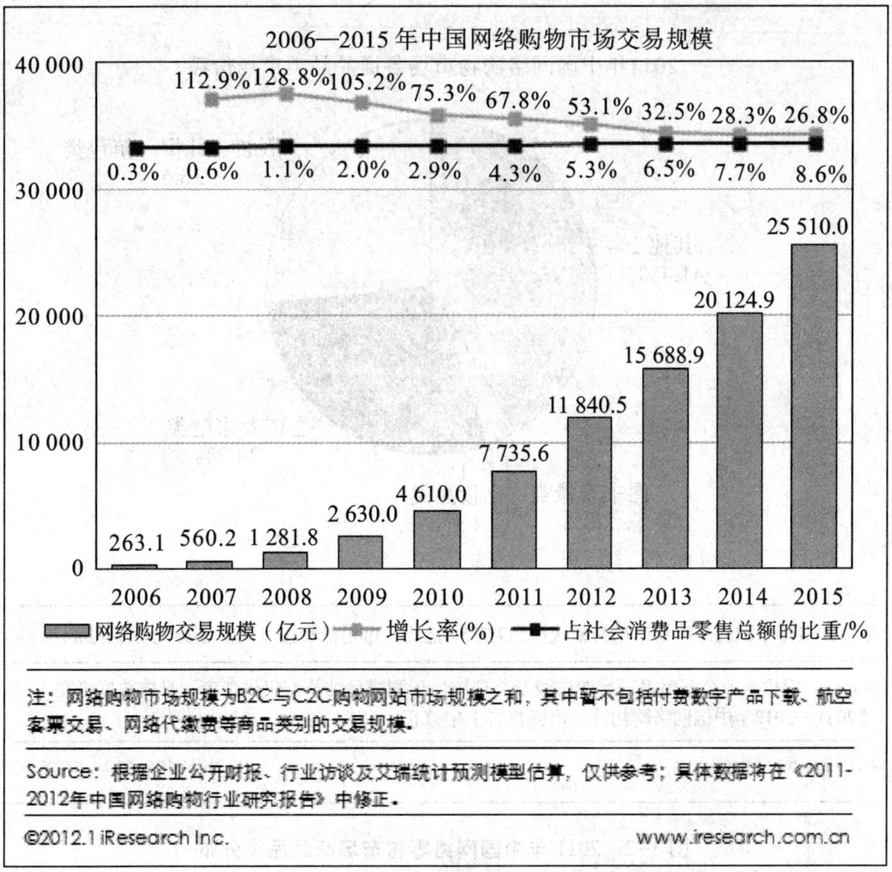

图 3-1　2006—2015 年中国网络零售市场总体规模

（二）网货品类分布

在 2011 年中国网络零售市场中，“服装、鞋帽、箱包类”网货品类占比居首，市场份额为 26.5%；排名其次的是“3C 及家电类”，占比为 24.2%。与 2010 年相比，服装、鞋帽、箱包类份额上升 3.7 个百分点，3C 及家电类份额上升 7.5 个百分点，各品类中 3C 及家电类增速显著。如图 3-2 所示。以图书音像和数码家电为代表的品类由于其标准化程度高容易引发价格战，竞争尤为激烈。服装、鞋帽和箱包类等产品标准化程度低，在季节变换和节假日促销的影响下，用户的显性需求与隐形需求将被有效激发，未来网络零售市场发展空间依然巨大。化妆品、食品、医药和家装等品类将迎来快速增长期。

2011年中国网络购物市场各商品品类市场份额

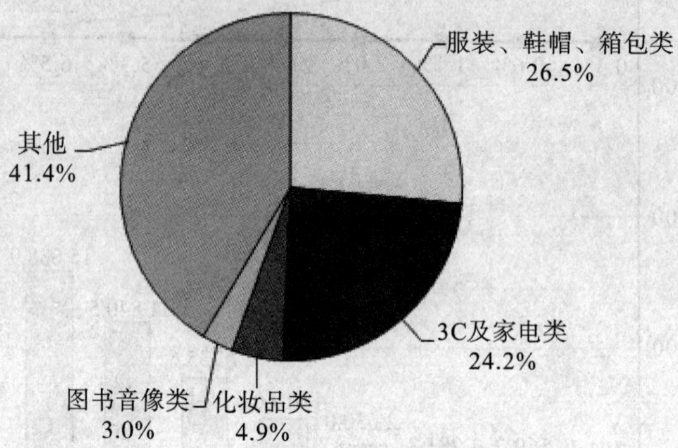

注：2011年中国网络购物市场交易规模为7 735.6亿元，市场份额按各商品品类交易规模统计。

Source：根据企业公开财报、行业访谈及艾瑞统计预测模型估算，仅供参考；具体数据将在《2011—2012年中国网络购物行业研究报告》中修正。

 www.iresearch.com.cn

图 3-2　2011 年中国网络零售市场商品品类分布

（三）网络零售产业市场结构

C2C 市场格局稳定，B2C 市场竞争愈加激烈。淘宝网占 C2C 市场份额九成以上，拍拍网约占 9.0%，C2C 市场格局整体稳定。在 B2C 市场上，淘宝商城凭借自身平台优势和“双十一”“双十二”等节日取得快速发展，全年在含平台式 B2C 市场中占比过半，达 53.5%；京东商城在以自主销售为主 B2C 市场保持领先优势，2011 年的交易额突破 300 亿元，占比 36.8%，如图 3-3 所示。

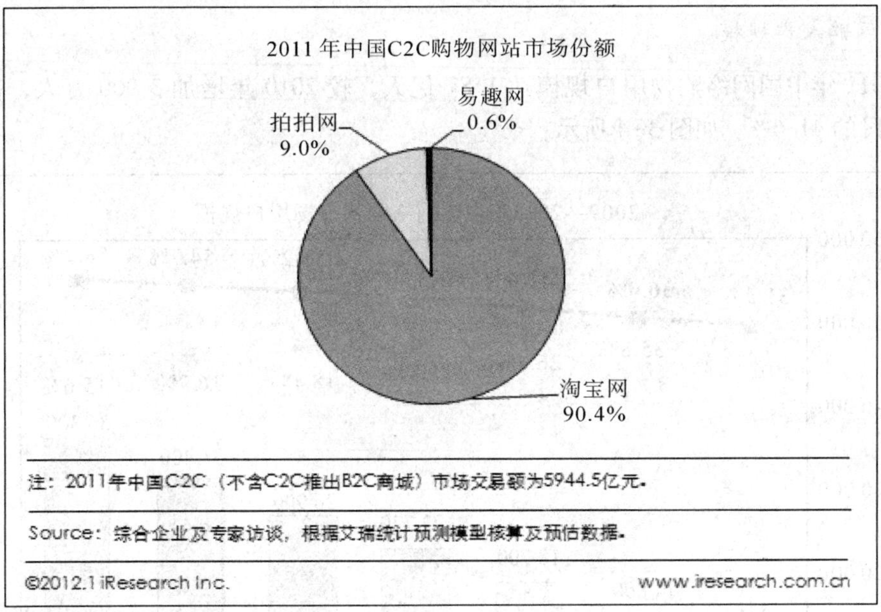

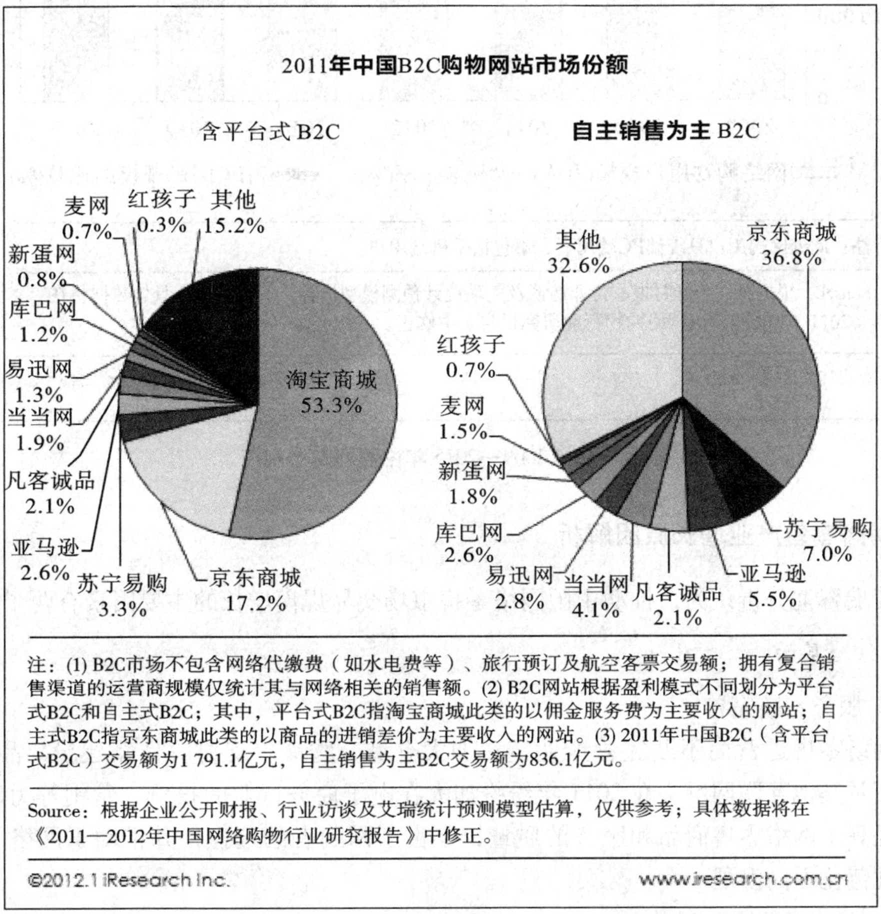

图 3-3　2011 年中国 C2C 和 B2C 市场份额

（四）网购人群规模

2011 年中国网络购物用户规模达 1.87 亿人，较 2010 年增加 3 900 万人，占中国 PC 网民的 41.6%。如图 3-4 所示：

图 3-4　2009—2015 年中国网购者规模

二、网络零售产业增长原因解析

艾瑞咨询分析认为，推动中国网络零售市场交易规模增长的主要因素有两个方面：

（一）供给层面

1. 服务不断完善

网络零售运营商不断完善产业链，加大仓储、物流、支付等体系建设。品牌商、渠道商及其他互联网巨头在 2011 年纷纷加大在电子商务行业的投资、营销等力度，极大地提高了网络零售商品和服务的质量，丰富了网购者的选择，并推动了网络零售市场向规范化方向发展。

2. 有效降低网购门槛

快捷登录、快捷支付等方式的出现降低了消费者网络购物的操作门槛，不断加大网络购物应用在网民中的渗透。

（二）需求层面

1. 网民与网购者人数规模增长迅速

中国网民规模平稳增长。CNNIC 公布的数据显示，2011 年 6 月，中国网民规模达 4.85 亿人，2011 年年底中国网民规模突破 5 亿人，较 2010 年年底的 4.57 亿人增长 10.5%。如图 3-5、图 3-6 所示。持续增加的网民数量成为网购人群增长的重要基础，同时，网购也成为消费者变为网民的一个推动力和目标。

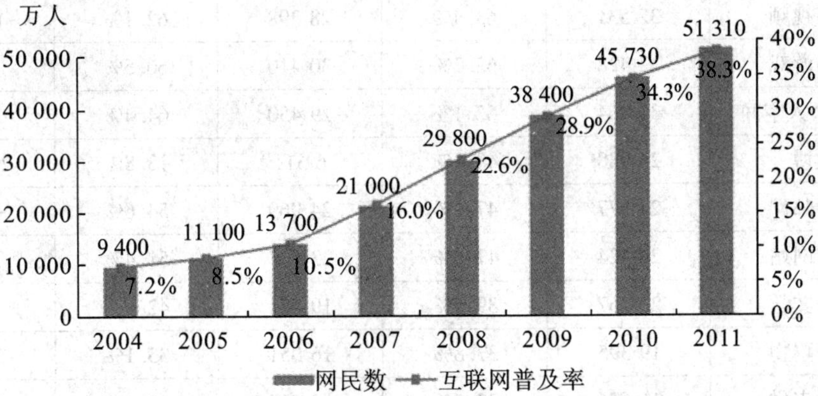

图 3-5　中国网民规模与普及率

资料来源：CNNIC《中国互联网络发展状况统计报告》（2012 年 1 月）

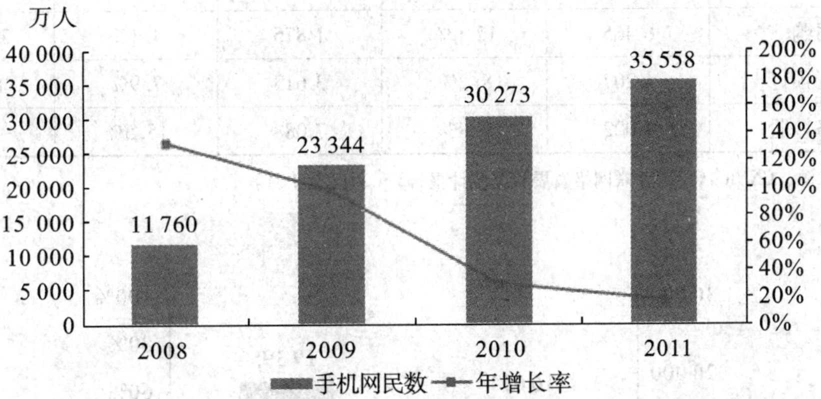

图 3-6　手机上网网民规模

资料来源：CNNIC《中国互联网络发展状况统计报告》（2012 年 1 月）

2. 网购信任感依赖性增强

中国各部委共同推进网络零售中的消费者权益保障，不断降低消费者网络购物心理门槛。用户对网上购物依赖程度和信任程度进一步加深，人均网购消费支出持续增加。如表 3-1、图 3-7、图 3-8 所示。

表 3-1　　2010—2011 年各类网络应用使用率

应用	2011 年		2010 年		年增长率
	用户规模(万)	使用率	用户规模(万)	使用率	
即时通信	41 510	80.9%	35 258	77.1%	17.7%
搜索引擎	40 740	79.4%	37 453	81.9%	8.8%
网络音乐	38 585	75.2%	36 218	79.2%	6.5%
网络新闻	36 687	71.5%	35 304	77.2%	3.9%
网络视频	32 531	63.4%	28 398	62.1%	14.6%
网络游戏	32 428	63.2%	30 410	66.5%	6.6%
博客/个人空间	31 864	62.1%	29 450	64.4%	8.2%
微博	24 988	48.7%	6 311	13.8%	296.0%
电子邮件	24 577	47.9%	24 969	54.6%	-1.6%
社交网站	24 424	47.6%	23 505	51.4%	3.9%
网络文学	20 267	39.5%	19 481	42.6%	4.0%
网络购物	19 395	37.8%	16 051	35.1%	20.8%
网上支付	16 676	32.5%	13 719	30.0%	21.6%
网上银行	16 624	32.4%	13 948	30.5%	19.2%
论坛/BBS	14 469	28.2%	14 817	32.4%	-2.3%
团购	6 465	12.6%	1 875	4.1%	244.8%
旅行预订	4 207	8.2%	3 613	7.9%	16.5%
网络炒股	4 002	7.8%	7 088	15.5%	-43.5%

资料来源：CNNIC《中国互联网络发展状况统计报告》（2012 年 1 月）

图 3-7　2010—2011 年网络购物用户数及使用率

资料来源：CNNIC《中国互联网络发展状况统计报告》（2012 年 1 月）

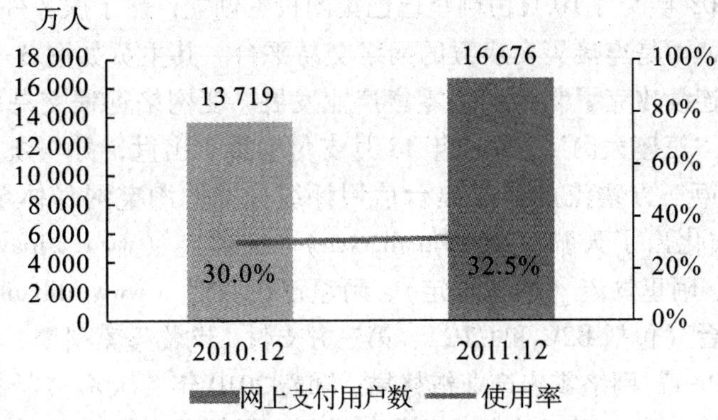

图 3-8　2010—2011 年网上支付用户数及使用率

资料来源：CNNIC《中国互联网络发展状况统计报告》（2012 年 1 月）

第三节　中国主要网络零售平台

一、中国主要网络零售平台（站）

（一）淘宝网（www.taobao.com）

1. 淘宝网简介

图 3-9　淘宝网主页截图

淘宝网于2003年5月10日由阿里巴巴集团投资创立，除了服务外，淘宝网本身并不销售任何商品，而是连接买卖双方的网络交易平台。其主页如图3-9所示。在发展过程中，淘宝网连续攻克了制约网络零售产业发展，变网络远程交易可能为现实的支付、物流与信用“三座大山”。2004年12月支付宝横空出世，并与众多网上银行合作形成战略联盟。第三方物流加盟并出台信用评级标准，淘宝网母体单一域名（www.taobao.com）中演化出了天猫（www.tmall.com）、支付宝（www.alipay.com）、一淘网（www.etao.com）、阿里物流（域名未定）、阿里巴巴银行（www.alibank.com），形成集网络零售交易平台（包括B2C和C2C）、第三方支付、购物搜索引擎、物流仓储、网络金融于一身的“2+4”网络零售产业链格局。随着2010年“大淘宝”战略中的“开放与输出”战略启动，淘宝网开始突破从属于零售业的传统行业归属樊篱，全面向物流业、金融业、创意产业、社会公共事业等复合型行业迈进。

截至2010年年底，淘宝网注册用户已达3.7亿人，支付宝注册用户高达5.2亿人，覆盖中国绝大部分网购人群。2009年，淘宝网全年交易额达到2 083亿元人民币，2010年达到4 000亿元人民币，2011年超过6 000亿元人民币。2011年淘宝服务市场业务交易额达到50亿元人民币，手机淘宝业务全年交易额超过100亿元人民币，聚划算业务全年交易额突破100亿人民币。截至2010年12月，支付宝注册用户突破5.5亿人，日交易额超过25亿元人民币，日交易笔数达到850万笔，并具备日数据处理能力超过3 000万笔的技术冗余。

淘宝网从创立之初的数千种商品门类发展到今天，交易客体在满足“合法”与“道德”底线的前提下肆意扩张……交易商品门类包括汽车、房产等大额耐用商品，黄金、钻石、珠宝等奢侈品，服饰、家居用品、食品等生活必需品，生鲜农活产品和冷链食品，以及网店运营培训、托管、装修、摄影、网货质检等服务，还包括网络游戏装备交易区、虚拟货币交易区、水、电、气、房租、物管费、彩票等。据统计，2011年，在淘宝网上交易的网货已达100余个大品类，1 000余个亚品类，10 000种小类，100 000种商品，1 000 000种型号、款式、颜色，10 000 000种线下与线下服务型产品与创意产品。2010年，淘宝网宣布实施“大淘宝”战略，开放B2C平台，对所有零售形态全面开放：一方面，引入超过7万个品牌和5万个商家进驻淘宝商城，包括优衣库、联想、戴尔、李宁、Gap、雷朋、宝洁、科勒、杰克琼斯、曲美家居等传统品牌。另一方面，引入垂直网站，如凡客网、百丽网、一号店网、库巴网、银泰网、麦考林网、易讯网、乐淘网、新蛋网、好乐买网、红孩子网、走秀网、唯品会网等，先期进驻淘宝商城，这使得淘宝网从网络零售购物平台演变成为网络零售购物消费的门户型网站，其所涵盖的商品数量不能简单地以亿为单位计量了，已跃升至数十亿级的网货门类。

截至2009年年底，已经有超过80万人通过在淘宝开店实现了就业（国内第三方机构IDC统计），带动的物流、支付、营销等领域间接就业机会达到228万个（国际第三方机构IDC统计）。目前，全国每天三分之一的宅送快递业务都是因淘宝网交易而产生。大淘宝的出现将为整个网络购物市场打造一个透明、诚信、公正、公开的交易平台，进而影响人们的购物消费习惯，推动线下市场以及生产流通环节的透明、诚信，从而衍生出一个“开放、透明、分享、责任”的新商业文明。

淘宝网已成为亚洲最大的网络零售商圈。

2. 年营业额

2011 年淘宝网年营业额约为 6 000 亿元人民币。

3. 排名

购物交易排名第一，中国网站排名第十三位。

4. 收录情况

百度收录 39 500 条，Google 收录 120 000 000 条。

5. 网页平均浏览量

日均 IP 访问量为 24 660 000 次，日均 PV 浏览量为 462 375 000 次。如图 3-10 所示：

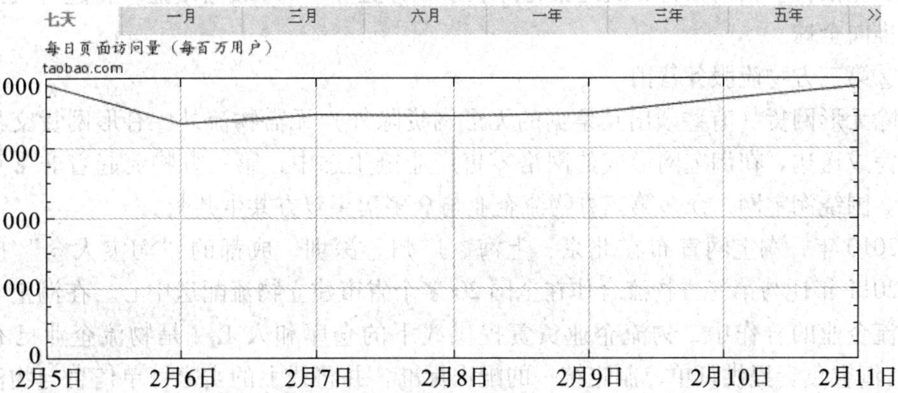

图 3-10　淘宝网 Alexa 走势图截图（2012 年 2 月）

6. 其他

用户覆盖率约 28.5%，平均在线时间 1 100 分，平均页面浏览数为 16 页。

7. 主要营销特色

（1）网络零售产业执着营销

阿里巴巴集团 CEO、淘宝网创始人马云指出：“今天很残酷，明天更残酷，后天很美好，但是绝大多数人死在明天晚上，见不着后天的太阳。”“最大的失败是放弃，最大的敌人是自己，最大的对手是时间。”可见执着地坚持基于网络的流通是未来社会生产、交换、流通、消费发展的必然趋势，也是未来市场营销发展的必然趋势，传统有店铺营销转向网络零售营销是营销科学发展的必然方向，有着其特殊性规律，要不断地探索和把握其特殊性规律。

（2）B2B2C2C 全网络零售产业链平台营销

只有坚持面向终端的零售才能确保在供应链上的所有价值的最终实现，果断地从面向供应链向零售转型是阿里巴巴公司成功的起点，将原本分离的 B2B、B2C、C2C 全程链接打通，形成 B2B2C2C 全网络零售产业链平台，主要由 C2C 和 B2C 双轮驱动连接买卖双方，其本身是不采购、储存、销售除服务之外的任何商品的网络交易平台。

（3）攻克“三座大山”，变网络零售可能为现实营销

攻克和突破制约网络零售产业发展的支付、物流与信用“三座大山”，变网络零售远程交易可能为现实，从机制、技术、手段、方法、技巧等方面为网货向货币转化的网络零售营销创造条件。

①在线支付担保服务营销

支付宝的推出，解决了买家先付钱而得不到所购买的产品或得到的是与卖家在网上的声明不一致的劣质产品的担忧；同时也解决了卖家先发货而得不到钱的担忧。支付宝运作的实质是以支付宝为信用中介，在买家确认收到商品前，由支付宝替买卖双方暂时保管货款的一种增值服务。2009 年 7 月 6 日，支付宝宣布其注册会员数量突破 2 亿人，覆盖了中国绝大部分网购人群。可以说，支付宝的诞生不仅仅是淘宝的一个里程碑，也是中国电子商务的里程碑。目前，淘宝网的支付宝已经同工商银行、建设银行、农业银行、招商银行和交通银行等联手，并且和 VISA 战略结盟，将这种安全支付手段推向全球。

②第三方物流服务营销

除无形网货（有些须出具票据的无形网货除外）无需物流外，有形网货交易均需物流完成送达。在淘宝网形成的网络零售产业链生态中，第三方物流起着非常重要的作用。围绕淘宝网，众多第三方物流企业与众多卖买双方共生共荣。

2010 年，淘宝网宣布在北京、上海、广州、深圳、成都的“淘宝大仓”投入运营，2011 年还与第三方物流合作在全国 20 多个省市建立物流配送中心。在淘宝与第三方物流企业的合作中，物流企业负责提供线下的仓库和人工（是物流企业已有的资源），淘宝负责提供订单，制定统一的配送标准，并将线上的卖家订单信息与物流企业对接。

③信用体系建设营销

一是淘宝网的实名认证。登录淘宝网，在“我的淘宝”点击“实名认证”，进入认证申请页面，会出现选择框“免费个人认证”和“免费商家认证”。填写所需资料，并提供在有效期内的证件和固定电话登记。淘宝与公安部下属身份证查询中心合作，将认证资料移交国家有关部门进行核对认证，并进行固定电话审核。验证结果以站内信件、电子邮件或者电话等形式告知。一旦淘宝发现用户注册资料中主要内容是虚假的，淘宝可以随时终止与该用户的服务协议。

二是利用网络信息共享优势，建立公开透明的信用评价系统。淘宝网的信用评价系统的基本原则是：成功交易一笔买卖，双方对对方做一次信用评价。评价分为“好评”“中评”“差评”三类，“好评”加一分，“中评”不加分，“差评”扣一分。淘宝的声誉系统还分别统计了用户作为买家和卖家的好评率，使消费者一目了然，并将用户的信用度形象划分了 15 个等级，从最低级的 1 颗红心到最高级的 5 颗皇冠。

（4）免费开店营销

免费是短时间聚集人气的关键。特别是在中国有易趣在前，淘宝网要想迎头赶上，别无他法。同时，网上开店已经成为一种新的创业模式，用免费的方式可以让更多网民乐于尝试。淘宝网从 2003 年 7 月成功推出之时，就以 3 年“免费”牌迅速打开中国

C2C 市场，并在短短 3 年时间内，打下了半壁江山，取代 eBay 易趣坐上了中国 C2C 老大的交椅。2005 年 10 月 19 日，阿里巴巴宣布“淘宝网将再继续免费 3 年”，这样做是为了保证淘宝网龙头老大的地位而实行的战略。2008 年 10 月 8 日，淘宝在新闻发布会上宣布继续免费。坚持“免费营销”这一网络零售时代营销的第一法则，始终高举“免费注册”“免费开店”以切入、启动网络零售市场，并最大化买卖双方两个客户群体数量，最终通过交易资金沉淀、增值服务、网络零售广告、战略联盟等赢利，突破和颠覆了传统零售商业企业的“进销差价”赢利模式，为网络零售营销的网络零售交易平台赢利模式提供了全新的思路和案例。

（5）交易平台服务“1+N＝∞”营销

由于淘宝网本身是不采购、存储、销售除服务之外的任何商品的网络交易平台，平台为各类网商营销创造基础性条件，各类网商利用平台自主开展营销决策，变网络零售垂直网站营销的集中决策为分散决策，实现了网络交易平台与各类网商两个营销主体在营销职能上的分工、合作与互补整合，充分发挥了各级各类网商的主动性、能动性、积极性和创造性，并把网络零售整合营销发挥到了极致，极大地推动了网络零售营销的实践和创新，并推动了网络零售营销科学的发展，实现了网络零售营销的“1+N＝∞”。

（6）不断创新

淘宝网不断创新网络零售交易平台营销新渠道、新模式、新手段、新技术、新技巧，以“聚划算”为代表的网络团购模式、以“手机淘宝”为代表的手机网购，以“支付宝”手机客户端为代表的移动支付、以“淘日本”为代表的跨国网购、以“淘宝服务平台”为代表的网络服务交易以及以“淘宝客”和“淘宝天下”等为代表的 SNS，为各级各类网商的营销提供了几乎无限的可能和机会。

（7）大淘宝战略

2010 年启动的“大淘宝战略”秉持“开放”与“输出”态度，向网络零售购物消费的门户型网站演进，为社会各级各类组织、企业、商业与社会团体、个人等开展网络营销提供了平台、工具和技术支持。

（8）商务交易谈判即时通信工具营销

阿里旺旺，一种供网上注册的用户之间通信的即时通信软件，是淘宝网官方推荐的沟通工具。阿里旺旺（淘宝版）主要分为 2 个版本：卖家版、买家版。淘宝网同时支持用户以网站聊天室的形式通信，淘宝网交易认可淘宝旺旺交易聊天内容保存为电子证据。作为淘宝主要的即时通信工具，阿里旺旺在淘宝网用户的线上交流和交易过程中发挥着越来越大的作用。

（9）跨渠道整合营销

2009 年 12 月，淘宝和湖南卫视合作组建“快乐淘宝”公司，联手拓展电视网购新市场，不仅于 2010 年 4 月在湖南卫视推出“快乐淘宝”节目，还在淘宝网上开辟“快乐淘宝”子频道专区和外部独立网站，创建电子商务结合电视传媒的全新商业模式。

（10）增值服务营销

淘宝旺铺是相对普通店铺而言的，每个在淘宝新开的店都是系统默认产生的店铺界面，就是常说的普通店铺。而淘宝旺铺（个性化店铺）服务是由淘宝提供给淘宝卖家，允许卖家使用淘宝提供的计算机和网络技术，实现区别于淘宝一般店铺展现形式的个性化店铺页面展现功能的服务。简单来说，就是花钱向淘宝买一个有个性、全新的店铺门面。淘宝旺铺是淘宝提供的一种增值服务，如果需要使用，必须订购，是要支付相关费用的。

(11) 网购客户体验营销

① 网站界面设计。淘宝网一直坚持不断地改进和创新，使得网站的画面更加简洁，让访问网站的人一目了然。位于主页面右上角的导航系统简单明晰，即使是新手也绝不会感到无所适从。网站上的每一项功能都有丰富而完备的辅助知识和提示，犹如一个随身顾问。网站的布局和颜色搭配合理，给人舒适、轻松的感觉。网站上的商品分类井井有条，一览无余，图字清晰。所提供的搜索功能是目前国内 C2C 网站中最人性化的，其搜索引擎包括简单搜索和高级搜索两种，使消费者可以从各个角度对商品及卖家等进行搜索。

② 客服中心。淘宝网的“客服中心”是其加强与用户互动的有力举措。一旦用户有什么不明白的问题，就可以到“客服中心”页面下寻求解决，客服中心包括帮助中心、淘友互助吧、淘宝大学和买/ 卖安全四大版块。淘宝网利用客服中心来对用户进行培植和引导，赢得了用户的积极响应。

③ 虚拟社区。淘宝的虚拟社区的成功建立，促进了消费者的信任。它是淘宝与用户以及用户与用户之间进行交流的工具。虚拟社区下设有建议厅、询问处、支付宝学堂、淘宝里的故事、经验畅谈居等版块。虚拟社区受到了广大用户的高度评价，营造了良好的诚信氛围。

8. 淘宝网营销思考要点

(1) 阿里巴巴为什么要从 B2B 转战 C2C？

(2) 淘宝网 C2C 为什么要向天猫（淘宝商城）B2C 发展，并实现“两轮驱动”？

(3) 淘宝网变网络零售购物可能为现实的发展过程中先后遇到了哪些瓶颈？他们为什么必须突破“支付”“物流”“信用”三大障碍？是怎么突破的？

(4) 为什么要创立支付宝？它在淘宝网发展壮大过程中发挥了什么作用？网上支付在网络零售中的作用和意义是什么？

(5) 淘宝网为什么要创建即时通信工具阿里旺旺？它在交易中扮演了什么重要角色？

(6) 淘宝网是如何确立与平衡网络交易平台与网商的职能与分工的？网络零售平台交易模式为什么能充分调动各级各类网商的主动性、能动性、积极性和创造性，并把网络零售整合营销发挥到了极致？

(7) 为什么淘宝网将交易的客体作了下要“保底”，即不得违反“法律”和“道德底线”，上不“封顶”的界定，而不是将自己限制在某一类交易客体上，如某些垂直型购物网站？

(8) 淘宝网为什么要“一分为多”，即从淘宝网拆分出支付宝、天猫（淘宝商城）、一淘网？未来还会有新的拆分吗？

（9）阿里巴巴为什么要将创建“阿里巴巴银行”作为集团的最高目标，并将其作为创业多年修成的正果？网络信贷在网络零售营销中起了什么作用？扮演了什么角色？

（10）淘宝网为什么要向网络零售购物消费的门户型网站发展？

（11）淘宝网为什么要不遗余力地跟踪最新的技术进步和科技发展步伐，如以云计算为核心的“阿里云”“手机淘宝”、支付宝手机客户端等？它与网络零售营销有何关系？

（二）京东商城（http://www.jd.com/）

1. 京东商城简介

京东商城是中国 B2C 市场最大的 3C 网购专业平台，是中国电子商务领域最受消费者欢迎和最具有影响力的电子商务网站之一。京东商城目前拥有遍及全国各地的 2 500 万注册用户，近 6 000 家供应商，在线销售家电、数码通信、电脑、家居百货、服装服饰、母婴、图书、食品等 11 大类数百万种优质商品，日订单处理量超过 30 万单，网站日均 PV 超过 5 000 万。2010 年，京东商城跃升为中国首家规模超过百亿元的网络零售企业，连续六年增长率均超过 200%，现占据中国网络零售市场份额 35. 6%，连续 10 个季度蝉联行业头名。京东商城首页截图如图 3-11 所示。

图 3-11　京东商城首页截图

2. 年营业额

2010 年年营业额约 102 亿元人民币。

3. 排名

购物交易排名第九位，中国网站排名第一百九十八位。

4. 收录情况

百度收录 1 850 000 条，Google 收录 297 000 条。

5. 其他

用户覆盖率约 2%，平均在线时间 530 分钟，平均页面浏览数 6. 3 页。

6. 网页平均浏览量

日均 IP 访问量为 5 880 000 次，日均 PV 浏览量为 73 206 000 次，见图 3-12：

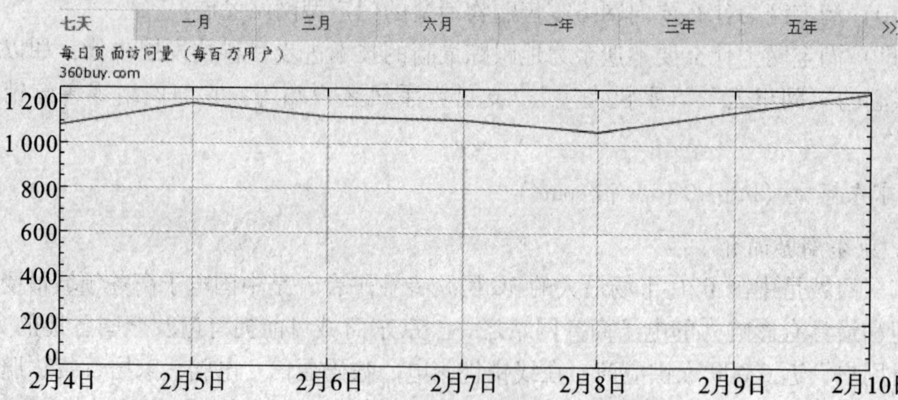

图 3-12 京东网 Alexa 走势图截图（2012 年 2 月）

7. 营销点评

（1）品类营销

相较于同类电子商务网站，京东商城拥有更为丰富的商品种类，并凭借更具竞争力的价格和逐渐完善的物流配送体系等各项优势，取得市场占有率多年稳居行业首位的骄人成绩。京东商城图书频道悄然上线，与手机数码、电脑办公等商品并列于京东产品大分类。这也意味着京东商城将与当当、卓越等 B2C 展开更为激烈的竞争。

（2）三大核心竞争力营销

京东商城将坚持以“产品、价格、服务”为中心的发展战略，不断增强信息系统、产品操作和物流技术三大核心竞争力，始终以服务、创新和消费者价值最大化为发展目标，不仅将京东商城打造成国内最具价值的 B2C 电子商务网站，更要成为中国 3C 电子商务领域的翘楚，引领高品质时尚生活。

（3）团购营销

2010 年 12 月 23 日，京东商城团购频道正式上线，京东商城注册用户均可直接参与团购。目前该商城提供的团购服务主要以餐饮美食、娱乐休闲活动和非京东商品的实物团购为主，而春节后将正式推出京东商城在售商品团购，各个类别均有产品参与。京东商城团购频道的推出，标志着中国电子商务巨头正式涉足团购领域，该领域将面临重新洗牌。

（4）极速物流送达营销

京东商城于 2009 年 1 月在上海建设自己的快递公司总部，同时在北京、上海、广州、成都建设四大配送中心，并计划于 2012 年投资数亿元在上海建设一个占地 30 万平米的超大型的配送中心。对于非实物商品，已售数量达成团数量后，消费者即会收到手机短信和邮件优惠码；而实物商品，在达成团数量后，京东商城会将商品直接送到消费者手中。在京东商城采购的商品还将奉行“211 限时达”极速物流标准，以保证商品 24 小时内送达。

(5) 第三方支付合作营销

目前京东商城80%商品都可以货到付款，同时，京东商城还和快钱、支付宝、财付通、汇付天第三方支付工具合作，供消费者在线支付。

(三) 当当网 (http://www.dangdang.com/)

1. 当当网简介

当当网是全球最大的综合性中文网上购物商城，由国内著名出版机构科文公司、美老虎基金、美国IDG集团、卢森堡剑桥集团、亚洲创业投资基金（原名软银中国创业基金）共同投资成立。1999年11月，当当网正式开通。成立十年来，当当网销售业绩增加了400倍。当当网在线销售的商品包括了家居百货、化妆品、数码、家电、图书、音像、服装及母婴等几十个大类，逾百万种商品，在库图书达到60万种。目前，每年有近千万顾客成为当当网新增注册用户，遍及全国32个省、市、自治区和直辖市。每天有上万人在当当网买东西，每月有3 000万人在当当网浏览各类信息，当当网每月销售商品超过2 000万件。当当网于美国时间2010年12月8日在纽约证券交易所正式挂牌上市。当当网首页截图如图3-13所示。

图3-13 当当网首页截图

2. 年营业额

2010年年营业额约20亿元人民币。

3. 排名

购物交易排名第九位，中国网站排名第一百三十七位。

4. 收录情况

百度收录4 190 000条，Google收录3 220 000条。

5. 其他

用户覆盖率约3.2%，平均在线时间500分钟，平均页面浏览数4.9页。

6. 网页平均浏览量

日均 IP 访问量为 1 350 000 次，日均 PV 浏览量为 10 665 000 次，见图 3-14：

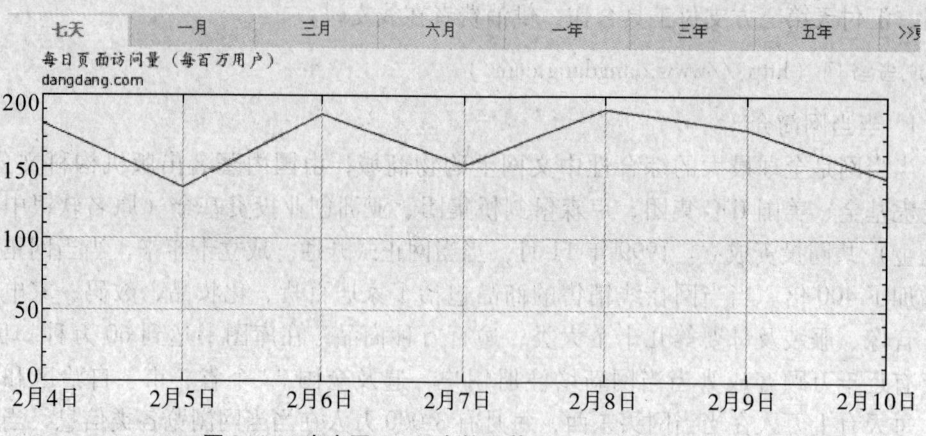

图 3-14 当当网 Alexa 走势图截图（2012 年 2 月）

7. 营销点评

（1）让消费者享受“鼠标轻轻一点，好书尽在眼前”服务的背后，是当当网耗时近 7 年修建的“水泥支持”——庞大的物流体系，分布在北京、华东和华南近 2 万平方米的仓库，员工使用当当网自行开发基于网络架构和无线技术的物流、客户管理、财务等各种软件，每天把大量货物通过空运、铁路、公路等不同运输手段发往全国和世界各地。在全国 192 个城市里，大量本地的快递公司为当当网的顾客提供“送货上门，当面收款”的服务。当当网这样的网络零售公司帮助推动了网上支付、邮政、速递等服务行业的迅速发展。

（2）当当网的物流服务是当当网收到投诉最多的一个环节。尽管其在受理物流投诉过程中表现得非常专业，但就目前用户的反馈来说，物流环节还是当当网的一大硬伤。

（3）当当网提供繁多的商品、实惠的价格、快捷的搜索、灵活的付款方式、快速的送货服务，通过不断完善各种网络功能，保持并提升在全球中文书刊和音像网上零售业务上的领先地位。

（四）亚马逊中国（http://www.z.cn）

1. 亚马逊中国简介

亚马逊中国是全球最大的电子商务公司亚马逊在中国的网站。亚马逊中国，原名卓越亚马逊，是一家 B2C 电子商务网站，前身为卓越网。2004 年 8 月 19 日亚马逊公司宣布以 7 500 万美元收购雷军和陈年创办的卓越网，将卓越网收归为亚马逊中国全资子公司，使亚马逊全球领先的网上零售专长与卓越网深厚的中国市场经验相结合，进一步提升了客户体验，并促进了中国电子商务的成长。2007 年亚马逊将其中国子公司改名为卓越亚马逊。2011 年 10 月 27 日亚马逊正式宣布将其在中国的子公司“卓越亚马逊”改名为“亚马逊中国”，并宣布启动短域名（www.z.cn）。亚马逊中国经营图书、音像、软件、影视等商品。卓越网创立于 2000 年，为客户提供各类图书、音像、软件、玩具礼品、百货等商品。亚马逊中国总部设在北京。亚马逊中国首页截图如图 3-15 所示：

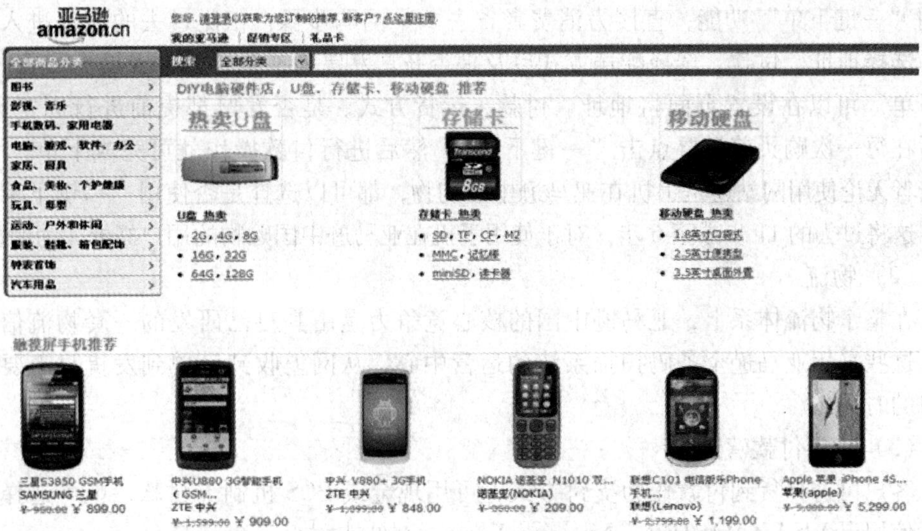

图 3-15　亚马逊中国首页截图

2. 年营业额

2010 年年营业额约 30. 3 亿元人民币。

3. 排名

购物交易排名第七位，中国网站排名第一百四十二位。

4. 收录情况

百度收录 6 240 000 条，Google 收录 815 000 条。

5. 其他

用户覆盖率约 3%，平均在线时间 330 分钟，平均页面浏览数 4. 7 页。

6. 网页平均浏览量

网页平均浏览量示例如图 3-16 所示：

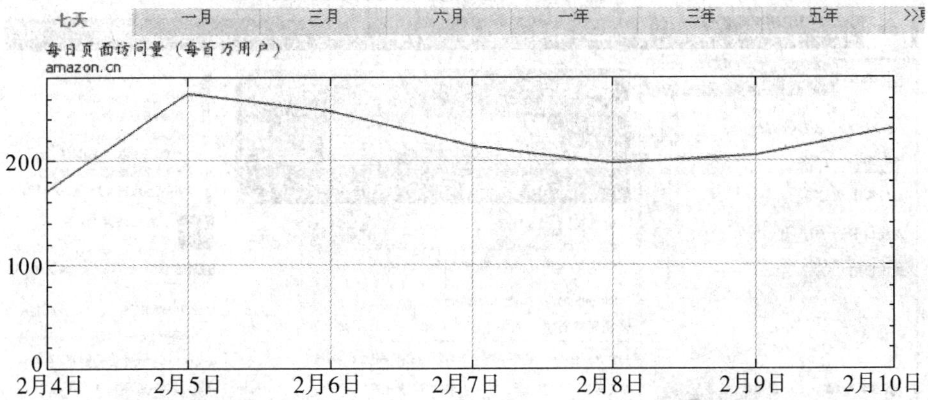

图 3-16　亚马逊中国 Alexa 走势图截图（2012 年 2 月）

7. 营销点评

（1）提升优化网购者体验

不断提升和优化消费者网购体验一直是亚马逊中国的目标。近日，亚马逊中国又启用“一键下单”功能，直接为消费者省去 5 个网购步骤。相比过去的点击进入购物车、选择地址、付款、选择配送方式以及是否开具发票等一系列的常规操作步骤，“一键下单”可以在设置页面将地址、付款、运货方式、是否发票都提前进行固定设置，之后在每一次购买前只要点击“一键下单”，然后进行付款操作就可完成下单。目前，消费者无论使用网站还是手机在亚马逊中国购物，都可以选择是否使用“一键下单”服务。这将过去的 11 步减至 6 步，对于使用手机在亚马逊中国购物的用户好处尤为明显。

（2）物流

在整个物流体系上，亚马逊中国的核心竞争力是由其自己研发的一套物流信息系统，这些采用亚马逊全条码扫描系统的运营中心，从网上收到订单到发货只需要 2 个小时的时间。

（3）货到付款营销

客户可选择货到付款作为支付方式，可用现金或 POS 机刷卡付款，也可选择使用国际信用卡 VISA、MASTER、American Express 在线支付。

（五）携程网（http://www. ctrip.com/）

1. 携程网简介

携程网目前占据中国在线旅游市场 50%以上份额，其创立于 1999 年，总部设在中国上海。携程网向超过五千余万注册会员提供包括酒店预订、机票预订、度假预订、商旅管理、高铁代购以及旅游资讯在内的全方位旅行服务。目前，携程网拥有国内外五千余家会员酒店可供预订，是中国领先的酒店预订服务中心，每月酒店预订量达到五十余万间。在机票预订方面，携程网是中国领先的机票预订服务平台，覆盖国内外所有航线，并在四十五个大中城市提供免费送机票服务，每月出票量达四十余万张。2003 年 12 月携程网在美国纳斯达克成功上市。携程网首页截图如图 3-17 所示：

图 3-17　携程网首页截图

2. 年营业额

2010 年年营业额约 30.3 亿元人民币。

3. 排名

旅游排名第一位，中国网站排名第一百六十六位。

4. 收录情况

百度收录 861 000 条，Google 收录 737 000 条。

5. 其他参数

用户覆盖率约 3%，平均在线时间 450 分钟，平均页面浏览数 5.1 页。

6. 网页平均浏览量

日均 IP 访问量为 744 000 次，日均 PV 浏览量为 5 208 000 次，见图 3-18：

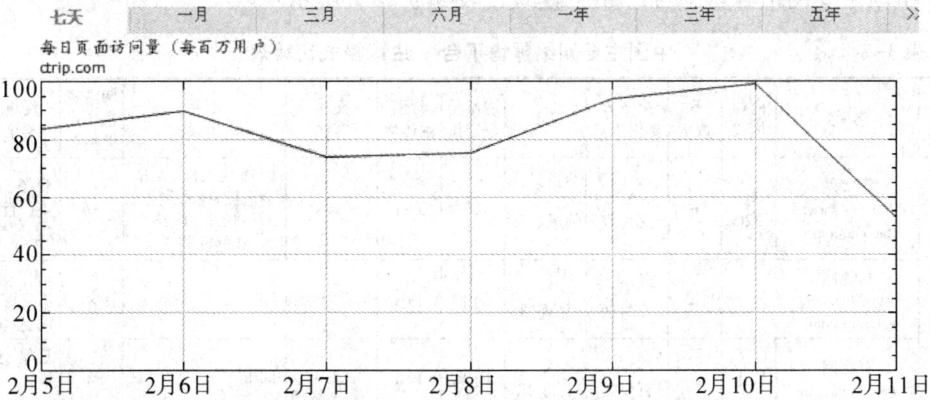

图 3-18　携程网 Alexa 走势图截图（2012 年 2 月）

7. 营销点评

（1）高科技产业与传统旅游业整合营销

携程网成功整合了高科技产业与传统旅游业，向超过 4 000 万会员提供集酒店预订、机票预订、度假预订、商旅管理、特惠商户及旅游资讯在内的全方位旅行服务，被誉为互联网和传统旅游无缝结合的典范。

（2）互联网媒体与传统媒体结合营销

携程旅行网除了在自身网站上提供丰富的旅游资讯外，还委托出版了旅游丛书《携程走中国》，并委托发行旅游月刊杂志《携程自由行》。

（3）高科技系统支撑服务营销

携程建立了一整套现代化服务系统，包括客户管理系统、房量管理系统、呼叫排队系统、订单处理系统、E-Booking 机票预订系统、服务质量监控系统等。依靠这些先进的服务和管理系统，携程为会员提供更加便捷和高效的服务。2010 年 5 月 8 日，拥有超过 1.2 万个呼叫席位的携程信息技术大楼在江苏南通经济技术开发区正式落成，该区由此成为目前世界上最大的旅游业呼叫中心。

（4）手机购物与支付营销

2010 年 4 月，“携程无线”手机网站正式上线。

（5）增值服务营销

2011 年 1 月 12 日，与上海知名餐饮预订服务提供商“订餐小秘书”正式签署合作协议，携程战略投资订餐小秘书，双方将发挥各自优势，共同深度拓展中国订餐市场。此次合作将促进中国餐饮预订服务能力的持续提升和提供旅行增值服务。

（6）本地化营销

2011 年 1 月 21 日，携程网宣布正式成立重庆分公司，并全力进军重庆旅游市场，大力拓展以重庆为出发地和目的地的旅游业务。携程网是第一个在重庆成立分公司的著名在线旅游企业。

二、中国主要网络零售平台（站）模式比较

中国主要网络零售平台（站）模式比较如表 3-2 所示：

表 3-2　　中国主要网络零售平台（站）模式比较表

网站类型	名称	商业模式	B数量	第三方支付工具	IM	网站角色定位	营销主体数	交易客体	赢利模式	网络零售产业链生态	网络零售营销生态
网络零售交易平台类	淘宝网 http://www.taobao.com/	C2C+B2C	n	√ 支付宝	√ 阿里旺旺	2	1+n	∞	网货款沉淀、保证金沉淀、技术服务、增值服务、网络广告、战略联盟	√	营销分散决策，百花齐放、百家争鸣
	易趣网 http://www.eachnet.com/	同上	n	√ 安付通	√ 易趣通	同上	1+n	同上	同上	×	营销分散决策，百花齐放、百家争鸣
	有啊网 www.youa.com	同上	n	√ 百付宝	√ 百度 Hi	同上	1+n	同上	同上	×	营销分散决策，百花齐放、百家争鸣
垂直购物网站	京东网 http://www.jd.com/	B2C	1	×	×	B 和 2	1	电器、3C、书籍、服装等 11 大类	进销差价、佣金	×	独立主体营销
	当当网 http://www.dangdang.com/	同上	1	×	×	同上	1	家居用品、服装、书籍、母婴用品等数十大类	同上	×	同上
	红孩子网 http://www.redbaby.com.cn/	同上	1	×	×	同上	1	集中在母婴用品类	同上	×	同上
	我买网 http://www.womai.com	B2C	1	×	×	同上	1	集中在食品饮料类	同上	×	同上
	一号店网 http://www.yihaodian.com/	B2C	1	×	×	同上	1	集中在快销品类	同上	×	同上
团购网站	拉手网 http://www.lashou.com/	B2C		×	×	介于 B 和 2 之间	1	集中在有形网货、生活包括餐饮、娱乐等类	进销差价、佣金	×	同上
	美团网（http://www.meituan.com）	B2C	1	×	×	介于 B 和 2 之间	1	集中在有形网货、生活包括餐饮、娱乐等类	进销差价、佣金	×	同上

表3-2(续)

网站类型	名称	商业模式	B数量	第三方支付工具	IM	网站角色定位	营销主体数	交易客体	赢利模式	网络零售产业链生态	网络零售营销生态
独立购物网站	凡客网 http://www.vancl.com/	B2C	1	×	×	B和2	1	集中在服装类	生产利润、进销差价	×	同上
	麦包包网 http://www.mbaobao.com/	B2C	1	×	×	同上	1	集中在箱包类	同上	×	同上
	钻石小鸟网 http://www.zbird.com/	B2C	1	×	×	同上	1	集中在珠宝钻石类	同上	×	同上
生产厂商自建零售网站	海尔网上商城 http://ehaier.com/	B2C	1	×	×	同上	1	生产厂家自产商品	同上	×	同上
	九牧王卫浴网上商城 http://www.midibi.cn/	B2C	1	×	×	同上	1	同上	同上	×	同上
跨国网络零售网站	敦煌网 http://www.dhgate.com/	B2C	1	×	×	B和2	1	集中在电器、服装等类	进销差价、佣金	×	同上
	大龙网 http://www.dinodirect.com/	B2C	1	×	×	同上	1	同上	同上	×	同上
非实物网络零售交易平台类	猪八戒网 http://www.zhubajie.com/	C2B	1	√ 易极付	×	2	1	集中在非实物创意商品类	佣金	×	同上
	任务中国 http://www.taskcn.com/	C2B	1	×	×	同上	1	同上	同上	×	同上
	住哪网 http://www.zhuna.cn/	B2C	1	×	×	介于B和2之间	1	集中在酒店、旅游、票务类	同上	×	同上
	携程网 http://www.ctrip.com/	B2C	1	×	×	介于B和2之间	1	同上	同上	×	同上
	中国铁路客户服务中心官网 http://www.12306.cn/mormhweb/	B2C	1	综合支付方式	×	B和2	1	单一铁路客票发售	生产利润	×	供不应求，无须营销

思考题

1. 网络零售平台内涵、分类及其主要功能是什么？
2. 中国网络零售产业的发展经历了哪些历程？
3. 中国网络零售产业在全球处于什么地位？为什么？
4. 推动中国网络零售产业迅猛发展的原因有哪些？
5. 中国有哪些主要的网络零售平台？各自有什么不同的商业模式？
6. 开放平台与垂直平台、独立商城相比有何区别？
7. 什么是网络零售平台IP、PV流量？对网络零售平台有何意义？
8. GMV、转化率的含义是什么？对网络零售平台有何意义？

第四章　网络零售平台开店

学习目的和要求

本章主要阐述网络零售平台开店的内涵、意义、优势、方法、步骤，网店的运营与管理等。通过本章学习，应达到以下目的和要求：

（1）认识网上开店与传统开店的区别与联系。

（2）学习并掌握网络零售平台开店的内涵、意义、优势、方法、步骤。

（3）学习并掌握网店的运营与管理技能。

本章主要概念

网店　第三方电商平台　网上独立商城　网店注册　网货　网店运营　网店管理

第一节　网上开店概述

网络零售平台开店简称为网上开店，是一种在互联网时代的背景下诞生的新销售方式，区别于网下的传统商业模式，与大规模的网上商城及零星的个人品网上拍卖相比，网上开店因投入不大、经营方式灵活，可以为经营者提供不错的利润空间，成为许多人的创业途径之一。

一、网上开店的定义

网上开店，是指经营者自己搭建或在第三方网络零售平台上（如淘宝网、易趣网、京东商城、苏宁易购等）注册一个虚拟的网上商店（简称网店），然后将待售商品的信息发布到网页上，而其他对这些商品感兴趣的浏览者浏览这些商品信息后进行购买，然后通过网上或网下的支付方式向经营者付款，最后经营者通过物流、邮寄等方式，将商品发送至购买者。

二、网上开店的优势

1. 成本低

网上开店的成本比较低，没有各种税费和门面租金等，而且，网店不需要专人的看守，这样就节省了人力方面的投资。同时，网店经营中基本上没有水、电、管理费等方面的支出。网上开店的平台是免费的，所以，网上开店的成本是很低的。

2. 交易迅速

买卖双方达成意向之后可以立刻付款交易，通过物流或者快递的形式把货品送到买家的手中。

3. 运营方便

不需要经营者请店员看店、摆放货架，一切都是在网上进行，对于已下架商品只需要点击一下鼠标就可以重新上货。

4. 形式多样

无论卖什么，都可以找到合适的形式。网店经营者如果有比较多的资金可以选择通用的网店程序进行搭建，也可以选择比较好的网店服务提供商进行交易。

5. 方式灵活

网店的经营是借助互联网的，经营者既可以是全职经营，也可以是兼职经营，并且，营业时间也比较灵活，只要及时对浏览者的咨询给予回复就不影响经营。

6. 顾客众多

网店开在互联网上，顾客可能是全国的网民，也可能是全球的网民，只要是上网的人就有可能成为商品的浏览者和购买者。只要网店里的商品具有特色、价格合理、经营得法，网店每天都会有不错的访问量，这就大大增加了销售的机会，从而取得良好的收入。

7. 零成本

网店可以根据顾客的订单去进货，实现真正的零库存运作，这样也就不会有货物积压的事情发生了。有了订单再从厂家拿货，这样就可以以较快的速度把生意做大。

8. 受制约少

网上开店基本上不受营业时间、营业地点、营业面积等传统因素的影响。可以7×24小时不停地运作，无论刮风下雨，无论白天晚上，无须专人值班看店，都可以照常营业。网店的流量来自于网上，因此，即使网店的经营者身在一个小胡同里也不会影响到网店的经营。网店的商品数量也不会像网下商店那样，被店面面积所限制，只要经营者愿意，网店可以有成千上万种商品。

三、网上开店步骤

（一）网上开店进入条件

第一，具有合法经营资质且遵纪守法。

第二，需要分析定位，选择适合自己经营的产品风格。

第三，必须具备吃苦耐劳、不轻言放弃、顽强拼搏的精神。

第四，能承受失败。

第五，要准备一定的资金。

（二）开店工具

网上开店需要最基本的装备，用来建立网上店铺和开展平常的维护工作。

1. 可以上网的电脑

网络零售就是指使用电脑通过网络在互联网上进行产品的销售，从而产生利润。因此，已连接网络的电脑就成为必备工具之一。

2. 数码相机

货物在上“货架”之前，一般都需要对其进行拍照并将照片上传到店铺中。照片使买家对商品有更加直观的感受和了解，也使物品更受关注。

3. 智能手机

网上的联系可能因为网店经营者离开电脑而无法进行，而可以随身携带的智能手机，使创业者无论走到哪，都可以及时得到买家的反馈。

4. 扫描仪

某些货物可能已经有现成的图片，而且制作精良，这时就可以使用扫描仪把这些图片扫描进入电脑，当作货物的照片。

5. 即时通信工具

网上创业者基本上一天超过 12 个小时开通即时通信工具，以随时和买家保持联络，同时也是和进货渠道保持联络的一种方式。

（三）开店方式

网上开店有多种方式，不同的开店方式其开店成本也不同，对销售盈利的结果也会产生一定的影响。要选择适合自己的开店方式，首先需要对各种不同的网上开店方式进行性价比的分析和比较。

1. 兼职

兼职是最易实施的一种经营方式。经营者将经营网店作为自己的副业，以增加更多的收入来源为目的。比如许多在校学生就喜欢利用课余时间经营网店，也有不少上班族利用工作的便利开设网店。

2. 全职

全职就相当于是投资创业了，经营者会将全部的精力都投入到网店的经营上来，将网上开店作为自己的事业，将网店的收入作为个人收入的主要来源。因此，这种经营方式所要付出的精力及财力也较多，其经营的效果也会更好一些。

（四）注册认证

虽然在各个第三方网络零售平台上开店都有各自的一整套程序，但是“百变不离其宗”。申请开店基本上都需要“三步走”：

第一步注册，即进入某第三方网络零售平台网站，注册为其会员。

第二步认证，即成为会员之后并不能在网站上销售，还需要另外一个程序——

认证。

第三步销售，即成为认证会员后，创业者就可以上传照片进行物品的销售了。

（五）风险防范

1. 小心谨慎、理性经营

网上交易活动永远伴随着交易的风险，一定要保持谨慎的态度和理性的心态，让骗子无机可乘。第三方支付工具，按照流程是可以防止受骗，但是第三方支付工具只能解决大部分交易诚信问题，不能真正杜绝所有的网络诈骗。所以，在从事网上交易时，一定要谨慎。

2. 使用数字证书保证支付账户安全

为保证支付宝等第三方支付工具的安全，需要下载数字证书。数字证书是由权威、公正的第三方机构 CA 中心签发的证书。数字证书是为了防止其他不法分子盗用账号后，盗用网店经营者的资金。使用了数字证书，即使发送的信息在网上被他人截获，甚至丢失了个人的账户、密码等信息，仍可以保证账户和资金的安全。

3. 使用正版软件，保证技术安全

避免从网上下载不知名的软件，可以自己购买正版软件，实在不得已也要尽量从那些出名的网站上下载。购买正版的杀毒软件，定期对电脑进行杀毒。尽量不要浏览不健康的网站，不要接收陌生人发送的压缩文件，一定要树立高度的警戒意识。

4. 诚信为先

网络创业门槛低，市场主体的素质层次不一，加上电子商务法律滞后，互联网上违法犯罪现象比较多，因此，要树立基本的职业道德，诚信经营、依法纳税，坚持有所为、有所不为。

第二节　网店经营与管理

一、网店经营与管理的定义

网店经营与管理是指在网络零售体系中一切与网店的运作管理有关的工作，也可以称为网店运作、网店运营，主要包括网店流量监控分析、目标用户行为研究、网店日常更新及内容编辑、网络营销策划及推广等。

二、网店经营与管理的价值

建网店的目的是希望它逐步发展，市场的占有率越来越高，实现利润。谁也不希望网店开起来之后，就变成一个死店，不能创造价值，从这个意义上说，网店若想得到好的回报，就应当进行运营，而且是科学的运营。网店的管理水平直接反映着该企业的管理水平，体现了整个企业的企业文化。

三、网店经营与管理的内容

网店经营与管理可分为基础性的工作和推广性的工作两大类。基础性的工作包括起店名、编写宝贝标题、编写宝贝细节描述、装修店铺、店铺日常的维护和产品的更新工作。推广性的工作包括促销活动的设计、网店的推广等。

四、网店经营与管理的主要项目

网店经营与管理的主要项目包括网店前期策划、网店模板设计、网店装修、宝贝文案设计、店外常规推广、宝贝排名优化、网店数据统计、网店流量分析、网店广告投放等。

五、网店运营推广的常用方法

1. SNS 网店软文推广法

SNS 网店软文推广法就是利用社会化营销工具进行网店推广与客户积累。可选择合适的软文，并合理地附带上网店链接，发表到自己的博客、日志、空间等自媒体里。再让自己的一些好友分享，这样就能让很多人都关注到网店经营者的文章，从而关注到网店经营者的网店。

2. SNS 网店 API 合作推广法

网店经营者可以开发一些和自身网店产品相关的小插件，将其插到校园网上，或者插到社区论坛上。只要有开放 API 的 SNS 网店都可以插上。

3. 收藏夹推广法

网店经营者可以把一些精彩内容的页面添加到 QQ 书签、百度搜藏、雅虎收藏等，让喜欢这些内容的网民去阅读和收藏。

4. 版主联盟推广法

版主联盟推广法适合论坛社区网店的推广，也就是先去加入一些版主联盟，每天把论坛的一些精彩内容提交上去，等待被相关频道录用。一经录用，就会给网店带去不少的 IP 流量。

5. QQ 群推广法

这个方法就是利用 QQ 群进行营销推广。如果 QQ 多，加入的群就更多，如果加入的是大群，每个群的人数更多，则宣传效果更好。如果 QQ 群是可以发群邮件的，网店经营者可以把网店上的精彩内容放在邮件中推荐。

6. 软文推广法

软文推广法是指写文章，或者引用好文章，在里面巧妙地加入自己的店铺网址，然后在一些新闻网站或行业网站进行推广。

7. 博客推广法

博客推广法是指写好软文，发表在论坛或博客里。

8. 论坛推广法

这里说的论坛是指泛论坛，包含留言本、论坛、贴吧等一切网民可能聚集的地方。可经常发布有争议性的标题内容，好的标题是论坛推广成败的关键。

9. 邮件列表推广法

邮件列表推广法是指定期或不定期给网民发送电子杂志。

10. 口碑推广法

口碑推广法是指做好内容，让网民自己主动传播网店经营者的网店。

11. 视频源 Flash 推广法

视频网店现在都提供外部的访问接口。在其他的网店、日志引用这些视频的同时，直接宣传了网店，扩大了网店的影响力。

12. 网址站推广法

网址站推广法是指到网店导航站、网店目录站推广网店。

13. 电子邮件自动回复推广法

电子邮件自动回复推广法就是在邮箱中设置自动回复，把网店的地址和网店介绍设置为自动回复的内容。当网店经营者接收到任何一封邮件的时候，邮箱就会自动回复过去。

14. 联盟推广法

整合资源，合作共赢。联盟推广法是指将几个站长联合在一起，达成宣传共识。在宣传自己网店的时候，顺便也捎带上别的网店。用同样的劳动，得到更多的收获。

15. 互换频道推广法

互换频道推广法就是和其他网店互相交换频道，把对方网店当作自己的一个频道在网店上进行推广，这样互相捧场，互相帮衬，效果会更明显。

六、网店运营的重点

1. 做好网货包装

网上购物，大家都青睐有名气、有实力的网上商家。如果本身就有固定经营地址的网上店，网店经营者不妨把现实公司的信誉转移到网上来，将公司的办公场地、厂房等硬件，以及消费者协会等部门颁发的荣誉证书展示于网页上，消费者对网店经营者的信任会更强。同时，消费者见不到商品实物，一般是靠货物图片决定购物意向，一幅模模糊糊、花里胡哨的商品图片很难引起人们的兴趣。所以，对于网页上的商品图片，一定要用分辨率高的数码相机，找准角度，再配以适当的灯光和布景进行拍摄，或者干脆花钱请专业的广告摄影人员对网店经营者的商品进行“包装”。这样，在保证物美价廉的情况下，就不愁消费者不掏腰包。

2. 善于与客户沟通

网店经营者必须以最快的速度处理订单，并按照服务流程为客户提供优良服务。如果网店经营者承诺 24 小时之内送货上门，那就绝对不能超过 24 小时。一笔交易完成后，除了挣到一笔利润之外，客户的联系电话、电子信箱等信息也是一笔“无形财富”，网店经营者可以充分利用这些信息对客户进行跟踪式服务。比如：询问客户是否在规定时间内收到货物；隔上几天再用电子邮件、电话、短信等形式询问客户对所购商品是否满意，并可借机介绍新产品。对购物满一定金额以上的客户，还可以赠送贵宾卡，给予适当优惠，让客户感受到网店经营者对他的重视，而一旦习惯了网店经营者的服务，这些客户将是网店经营者利润的源泉。

3. 珍视并巧用网店信誉

诚信是任何经济行为必须遵循的法则。相对实物店铺来说，诚信更是网店的生命。现在个别经营者认为网店的远程服务是“一锤子买卖”，网上配送又不是当面交易，即使有点质量问题或短斤少两，消费者也无可奈何，所以在经营中一切从利润出发，忽视了企业信誉。中国有句老话叫“店欺客一时，客欺店一世”，网上购物受一些客观因素的局限，消费者有可能上当，但他们绝对不会上第二次当，商家在赢得眼前小利的同时，也就永远失去了这个客户。所以，网店在组织货源、货物发送等环节要确保货物质量，宁可不挣钱也不能让假冒伪劣商品和残次品流向消费者。只有形成了诚信经营的良好口碑，网店才能取得长足的发展。

4. 严格管理网店

网上店铺的员工虽然不多，但也要以人为本，建立科学的管理制度和激励机制，让员工从被动型优质服务向主动型优质服务转变。不妨在网站上设立一个“服务台”，展示店主和员工的照片、视频，注明员工的服务星级，让客户自己选择服务人员，这样不但能激励员工干好工作、提高服务质量，还能增加客户的安全感。同时，也要设立“投诉台”，公布投诉电话和总经理信箱，当消费者对服务不满意时，可以方便、顺畅地向管理层反映，从而不断改进网店的服务。严格的制度、科学的管理，会让网店更具生命力。

思考题

1. 网上开店与传统开店有何区别与联系？
2. 在第三方电商平台开店与自建网上独立商城有何不同？各自有何优劣势？
3. 网上开店的内涵、意义、优势、方法和步骤有哪些？
4. 网店的运营与管理有哪些内容？
5. 如何提高网店运营与管理技能？

第五章 移动电子商务

学习目的和要求

本章主要阐述移动电子商务与传统电子商务的区别与联系，移动网络零售快速发展的原因、发展历程，移动电子商务的特点与商业模式，移动电子商务与移动支付的紧密关系，移动支付的主要分类，移动支付的主要技术支持，移动电子商务的主要营销方式等。通过本章学习，应达到以下目的和要求：

（1）认识传统电子商务与移动电子商务的区别与联系。

（2）认识并掌握移动电子商务的内涵及其发展的原因、发展历程。

（3）学习并掌握移动电子商务的特点与商业模式。

（4）学习并掌握移动电子支付的分类与技术应用。

（5）学习并掌握移动电子商务的主要营销方式。

本章主要概念

传统电子商务　移动电子商务　移动支付　近场支付　远程支付　扫码支付　客户端　APP　移动电子商务营销

第一节　移动网络零售模式

移动电子商务就是指利用智能手机、PDA 及掌上电脑等无线终端进行的 B2B、B2C、C2C 或 O2O 的电子商务。它将因特网、移动通信技术、短距离通信技术及其他信息处理技术完美地结合，使人们可以在任何时间、任何地点进行各种商贸活动，实现随时随地、线上线下的购物与交易、在线电子支付以及各种交易活动、商务活动、金融活动和相关的综合服务活动等。

一、移动网络零售的产生

（一）移动网络零售产生的原因

移动网络零售商务的出现有来自市场需求和技术进步两方面的因素。其中市场需求是促进技术进步的根本原动力，而技术进步又进一步提升和放大市场需求。二者相互作用，循环往复，没有终点。

1. 市场需求

(1) 人需求的多样性

人的生存和发展具有包括衣、食、住、行，吃、喝、玩、乐，生、老、病、死等多种需求。满足这种个人或家庭终端需求的商业活动就是零售。人们希望在任何时候（Anytime）、任何地方（Anywhere）、使用任何可用的方式（Anyway）得到任何想要的零售服务，如随时随地下载一段音乐、发送一条短信、在线阅读一篇学术论文、看一本电子杂志、在线观看一部电影等。当然，在人们满足这些需求的同时还必须为此支付相应的货币。否则，社会上将没有任何人、任何组织（自愿组织、公益组织除外）愿意提供满足这些需求的商品和服务。

因此，人们在满足这些需求的同时，也希望用手机、掌上电脑、笔记本电脑等作为支付手段，通过短信、WAP、IVR 等方式，使用移动话费或信用卡作为支付资金，完成购物、缴费、银行转账等交易活动。移动网络零售正广泛地应用在学习、娱乐、证券、保险、银行、医疗、交通、宾馆等领域，包括手机彩票投注、网上购买游戏卡、移动梦网和手机支付水电费与燃气费等商务活动，移动网络零售商务逐渐走进了普通百姓的生活，并迅速形成一个新的产业。

(2) 移动终端市场需求巨大

截至 2014 年年底，我国银行系统的发卡量累计已超过 8.6 亿张，移动电话用户数量已超过 8 亿户，移动上网人数已超过 4 亿人。大部分移动手机用户拥有一张或多张银行卡。根据 CNNIC 的 2013 年调查报告显示，我国上网用户总数为 6.67 亿人，其中使用手机上网的网民为 4 亿人。手机用户中基本囊括了社会中高端消费群体。同时，无线网络覆盖面广，从陆地到海洋，从沿海到内地，从城市到乡村，都可以使用手机。因此，不论用户数量规模还是用户资金实力，移动网络零售市场规模都要远远大于固定网络零售市场。如此巨大的手机消费群体和银行卡持有者数量，对于移动网络零售来说是一座巨大的“金矿”。

2. 技术进步

(1) 固定窄带 Internet 向移动宽带 Internet 发展

自从 Internet 的商业价值在 20 世纪 90 年代初被人类发现后，人类对它的商业发掘就越来越深入。与此同时，当许多人还在探讨有线 Internet 的价值时，无线 Internet 技术已经取得突飞猛进的发展。可以说，最初有线的、窄带的 Internet 仅仅拉开了人类 Internet 商业应用价值的序幕，有线的宽带 Internet 的应用正是当前 Internet 技术与应用的热潮。当前，无线 Internet 特别是无线宽带 Internet 的技术正在成熟，正在开创互联网产业的一个新时代，无线 Internet 技术的突破将带来一个全新的商业应用。

(2) 移动宽带 Internet 技术

著名的 Intel 公司在 2003 年发布的新一代移动芯片“迅驰”（Centrino），以及相匹配的 WiFi（无线保真）服务，作为一种崭新的无线移动计算平台，成为无线互联产业 2003 年早春三月中的最亮色。更为轻便、强调移动的基于“迅驰”的笔记本电脑相继发布，迅速成为市场热点。而“迅驰”笔记本电脑的支撑技术之一就是内置了 WLAN 模块，它可使“迅驰”笔记本电脑随时随地以无线的方式接入网络。

在这种形势下，移动通信技术的发展与应用一样一日千里。移动支付与移动商务的特点就是强调移动性，它涉及大量的移动信息的传递、交换与处理，需要相应的移动计算技术的支持，即相关的无线互联技术，如蓝牙技术（Blue Tooth）、无线局域网络技术（WLAN）、无线广域网络技术（WWAN）、无线应用协议（WAP）等。

随着手机使用者不断增加，手机终端也在高速替换，从最初的模拟技术到今天基于数字技术的 GSM、GPRS 与 CDMA 通信，以及 2009 年已经投入商用的 3G（第三代）移动通信技术，从单纯的语音通信到今天的包括数据交换在内的多媒体通信，用户手中的手机越来越像一个综合性、智能化的商务与事务处理工具，成为人们生活与工作中不可或缺的一部分。

（二）移动网络零售的含义

目前，移动网络零售的理念刚刚形成，还不能给出准确的移动商务的定义。因为支撑移动商务的新技术与新工具不断出现，很难明确界定移动商务的涵盖范围，只可以比较模糊地把握移动商务的内涵，大体上把握这个新兴商业模式，但它极有可能重构目前基于 Internet 的商业生态系统。

所谓移动网络零售，简单来讲，就是指用户在支持 Internet 应用的无线通信网络平台上，借助手机、PDA、笔记本电脑等移动终端设备完成相应产品或服务的支付或消费行为的社会经济活动。

移动网络零售最大的特色就是应用了连通网络的各种移动终端设备，如手机、PDA、笔记本电脑等，而采用的网络连通技术以无线技术为特色，如目前的 GSM、GPRS、CDMAlx、刚刚兴起的无线局域网技术以及 4G 无线广域网技术等。同时，移动网络零售中的零售产品也不仅是有形产品，还包括各种各样的无线服务，如证券交易、彩票购买、全方位的个人信息管理、个性化与位置化信息服务、网络银行服务、网络娱乐与教育服务等。特别是，支付活动作为商务的一个重要流程，移动网络零售不可避免地促进了移动支付的出现与应用。

从技术角度来看，移动网络零售可以看作是电子商务的一个新的分支，但是从应用角度来看，移动网络零售是对有线商务的整合与发展，是电子商务发展的新形态，即对电子商务的整合、发展和冲击。其中，整合是将传统的商务和已经发展起来的、分散的电子商务整合起来，将各种业务流程从有线网络进一步向无线互联延伸，这是一种新的突破，代表了 AAA 商务理念。

因此，有专家很形象地以一个公式来大体描述移动商务的内涵，即：

移动商务＝商务+Internet+无线网络技术

（三）移动网络零售的特点

虽然移动网络零售发展的时间不长，其优势却很明显，这主要体现在获取信息的方便性上、支付的方便性上、基础设施的成本投入上、市场的开发上、市场的规模上。

1. 方便

移动终端既是一个移动通信工具，又是一个移动 POS 机，也是一个移动的银行 ATM 机。用户可在任何时间、任何地点进行电子商务交易和办理银行业务，包括支付。

2. 不受时空控制

移动商务是电子商务从有线通信到无线通信、从固定地点的商务形式到随时随地的商务形式的延伸，其最大的优势就是移动用户可随时随地获取所需的服务、应用、信息和娱乐。用户可以在自己方便的时候，使用智能手机或 PDA 查找、选择及购买商品或其他服务。

3. 安全

使用手机银行业务的客户可更换为大容量的 SIM 卡，使用银行可靠的密钥，对信息进行加密，传输过程全部使用密文，确保安全可靠。

4. 开放性、包容性

移动电子商务因为接入方式无线化，使得任何人都更容易进入网络世界，从而使网络范围延伸更广阔、更开放。同时，使网络虚拟功能更带有现实性，因而更具有包容性。

5. 潜在用户规模大

目前我国的移动电话用户数已接近 4 亿户，是全球之最。显然，从电脑和移动电话的普及程度来看，移动电话远远超过了电脑。而从消费用户群体来看，手机用户中基本包含了消费能力强的中高端用户，而传统的上网用户中以缺乏支付能力的年轻人为主。由此不难看出，以移动电话为载体的移动电子商务不论在用户规模上，还是在用户消费能力上，都优于传统的电子商务。

6. 易于推广使用

移动通信所具有的灵活、便捷的特点，决定了移动电子商务更适合大众化的个人消费领域，比如：自动支付系统，包括自动售货机、停车场计时器等；半自动支付系统，包括商店的收银柜机、出租车计费器等；日常费用收缴系统，包括水、电、煤气等费用的收缴等；移动互联网接入支付系统，包括登录商家的 WAP 站点购物等。

7. 迅速灵活

用户可根据需要灵活选择访问方式和支付方法，并设置个性化的信息格式。电子商务服务选择越多，提供的服务形式越简单，移动电子商务越会快速发展起来。但是，移动电子商务要想像基于互联网的电子商务一样“飞入寻常百姓家”，可能还需要一段时间。

二、移动网络零售市场的分类

（一）按零售的客体分类

1. 虚拟商品

主要是依附于各运营商旗下的SP所提供的，如收费图铃、游戏下载或其他资讯类业务。工商银行、建设银行等多家银行和支付宝也开通了通过手机交水电费、话费、交通罚款、物业费、学费和进行校园卡与公交卡充值等业务。

2. 实体商品

目前国内主要有淘宝网、立即购、“掌店”移动商城涉足这一领域，移动电子商务正融入我们的生活中，为我们带来更多的生活便利，移动电子商务已是大势所趋。

（二）按移动网络零售的应用方式分类

1. 远程网络零售

移动网络零售中的“远程网络零售”是指传统网络零售通过PC端的零售方式自然转化为通过移动终端的零售方式。远程网络零售的方式是对传统网络零售方式的延伸，远程网络零售与传统网络零售的品类既可重合，也可形成差异。传统网络零售是通过网页浏览器销售，移动网络零售是通过APP销售。因此，很多网络零售平台都推出了各自的移动APP来吸引消费者。

2. 近场网络零售

移动网络零售是在“移动支付中的近场支付”与“O2O中的本地化服务”共同发展下衍生出来的一个概念。近场网络零售就是指通过移动终端选择本地化服务的零售消费场所，最后可以通过近场支付进行消费。

第二节　移动支付的发展

一、移动支付概述

（一）移动支付的定义

移动支付也称为手机支付，就是允许用户使用其移动终端（通常是手机）对所消费的商品或服务进行账务支付的一种服务方式。单位或个人通过移动设备、互联网或者近距离传感直接或间接向银行金融机构发送支付指令产生货币支付与资金转移行为，从而实现移动支付功能。移动支付将终端设备、互联网、应用提供商以及金融机构相融合，为用户提供货币支付、缴费等金融业务。

（二）移动支付的分类

1. 按用户支付的额度，可以分为微支付和宏支付

根据移动支付论坛的定义，微支付是指交易额少于 10 美元，通常用于购买移动内容业务，例如游戏、视频下载等的支付。

宏支付是指交易金额较大的支付行为，例如在线购物或者近距离支付（微支付方式同样也包括近距离支付，例如交停车费等）。

2. 按完成支付所依托的技术条件，可以分为近场支付和远程支付

远程支付是指通过移动网络，利用短信、GPRS 等空中接口，和后台支付系统建立连接，实现各种转账、消费等支付功能。

近场支付是指通过具有近距离无线通信技术的移动终端实现本地化通讯进行货币资金转移的支付方式。

3. 按支付账户的性质，可以分为银行卡支付、第三方支付账户支付、通信代收费账户支付

银行卡支付是指直接采用银行的借记卡或贷记卡账户进行支付的形式。

第三方账户支付是指为用户提供与银行或金融机构支付结算系统接口的通道服务，实现资金转移和支付结算功能的一种支付服务。第三方支付机构作为双方交易的支付结算服务的中间商，需要提供支付服务通道，并通过第三方支付平台实现交易和资金转移结算安排的功能。

通信代收费账户是移动运营商为其用户提供的一种小额支付账户，用户在互联网上购买电子书、歌曲、视频、软件、游戏等虚拟产品时，通过手机发送短信等方式进行后台认证，并将账单记录在用户的通信费账单中，月底进行合单收取。

4. 按支付的结算模式，可以分为即时支付和担保支付

即时支付是指支付服务提供商将交易资金从买家的账户即时划拨到卖家账户。一般应用于“一手交钱一手交货”的业务场景（如商场购物），或应用于信誉度很高的 B2C、B2B 电子商务，如首信、yeepal、云网等。

担保支付是指支付服务提供商先接收买家的货款，但并不马上就支付给卖家，而是通知卖家货款已冻结，卖家发货。买家收到货物并确认后，支付服务提供商将货款划拨到卖家账户。支付服务商不仅负责资本的划拨，同时还要为不信任的买卖双方提供信用担保。担保支付业务为开展基于互联网的电子商务提供了基础，特别是对于没有信誉度的 C2C 交易以及信誉度不高的 B2C 交易。做得比较成功的是支付宝。

5. 按用户账户的存放模式，可分为在线支付和离线支付

在线支付是指用户账户存放在支付提供商的支付平台，用户消费时，直接在支付平台的用户账户中扣款。

离线支付指用户账户存放在智能卡中，用户消费时，直接通过 POS 机在用户智能卡的账户中扣款。

二、移动支付的特征

移动支付属于电子支付方式的一种，因而具有电子支付的特征，但因其与移动通信技术、无线射频技术、互联网技术相互融合，又具有自己的特征，主要表现为以下几个方面：

1. 移动性

可随身携带的移动性，消除了距离和地域的限制。因具备先进的移动通信技术的移动性，可随时随地获取所需要的服务、应用、信息和娱乐。

2. 及时性

不受时间、地点的限制，信息获取更为及时，用户可随时对账户进行查询、转账或进行购物消费。

3. 定制化

基于先进的移动通信技术和简易的手机操作界面，用户可定制自己的消费方式和个性化服务，账户交易更加简单、方便。

4. 集成性

以智能手机为载体，通过与终端读写器近距离识别进行的信息交互，运营商可以将移动通信卡、公交卡、地铁卡、银行卡等各类信息整合到以手机为平台的载体中进行集成管理，并搭建与之配套的网络体系，从而为用户提供十分方便的支付以及身份认证渠道。

三、移动支付的方式

移动支付的方式有短信支付、扫码支付、指纹支付、声波支付等。

1. 短信支付

手机短信支付是手机支付的最早应用，将用户手机 SIM 卡与用户本人的银行卡账号建立一种一一对应的关系，用户通过发送短信的方式在系统短信指令的引导下完成交易支付请求，操作简单，可以随时随地进行交易。手机短信支付服务强调了移动缴费和消费。

2. 扫码支付

扫码支付是一种基于账户体系的新一代无线支付方案。在该支付方案下，商家可把账号、商品价格等交易信息汇编成一个二维码，并印刷在各种报纸、杂志、广告、图书等载体上发布。用户通过手机客户端扫拍二维码，便可实现与商家支付宝账户的支付结算。最后，商家根据支付交易信息中的用户订货、联系资料，就可以进行商品配送，完成交易。

3. 指纹支付

指纹支付即指纹消费，是指采用目前已成熟的指纹系统进行消费认证，即顾客使用指纹注册成为指纹消费折扣联盟平台会员，通过指纹识别即可完成消费支付。

4. 声波支付

利用声波的传输，完成两个设备的近场识别。其具体过程是：在第三方支付产品的手机客户端里，内置有“声波支付”功能，用户打开此功能后，用手机麦克风对准收款方的麦克风，手机会播放一段“咻咻咻”的声音。

移动支付产业属于新兴产业，2009 年上半年，我国手机支付用户总量突破 1 920 万户，实现交易 6 268.5 万笔，支付金额共 170.4 亿元。预计到 2017 年，移动支付的市场规模将达到 1 万亿美元，这意味着，今后几年全球移动支付业务将呈现持续走强趋势。

第三节 移动网络零售营销策略

一、移动零售平台构建策略

用户与环境、硬件与软件技术、互联网接入、网站结构与内容条件等因素决定了移动电子商务网站需要采取与传统电子商务网站不同的策略，才能使用户得到很好的体验并取得成功。这些策略包括综合考虑商业目标和各种因素确定总体目标、确定目标客户、以用户为中心的设计方法、合理的信息结构、良好的页面设计等。

1. 确立网站总体目标

构建移动网络零售平台的首要工作就是确立网站总体目标。只有明确网站总体目标，才能为寻找网站目标用户、确定合适的移动设备与技术提供依据。为了便于确定网站的总体目标，可以思考以下问题：企业的总体目标是什么？移动零售平台网站将会如何帮助企业实现总体目标？使用移动网络零售平台网站能否提高企业的盈利能力？能否创造新的商机？在现有商业模式下，是面向移动用户提供完整的产品与服务还是简单地创建一个网站供用户获取信息？采用什么样的信息结构最能体现企业的商业价值？

2. 明确目标用户

移动网络零售平台网站总体目标决定了网站会提供什么样的产品和服务，从而决定了哪些用户是目标用户。在我国，移动电子商务网站的用户大多数是年轻人和商务人士。需要在资费、网站的色彩与表现效果、可用性、易用性等方面进行充分的市场调研，以便在明确和了解目标用户的同时，验证总体目标的可行性。

为了更好地了解移动电子商务网站的目标用户，可以关注以下几个问题：哪些用户会访问移动电子商务网站并完成哪些工作？用户会在什么情况下使用网站的功能？用户最常用、最关注的功能有哪些？用户在不同环境下需求会发生怎样的变化？网站需要对哪些变化予以支持？

3. 确定网站适用的移动设备

移动设备的千差万别对移动电子商务网站所能采用的技术产生重大影响。例如，移动设备的屏幕至关重要，不但要考虑屏幕大小的差异，还需要考虑如何较好地在较小的屏幕上展示网站。

在明确目标用户过程中，有必要对目标用户所使用的移动设备进行调查，以使用最广泛的某种或几种类型设备作为网站的主要适用设备。这样，能从一定程度上降低因设备差异对移动电子商务网站的不利影响，在实现尽可能适应最多移动设备的同时，降低构建网站的成本。在技术方面需要考虑以下几个问题：哪些技术可以帮助网站实现良好的人机交互？如何构建美观生动的页面以吸引用户的注意力？采用何种技术能将信息有效地组织在一起？如何能帮助用户快速查找和浏览信息？所采用技术在移动设备上的适用程度如何？

4. 合理的信息结构

移动网络零售平台网站只有提供快速地查找产品与服务、方便地浏览产品与服务信息、简化的交易等功能，才有可能使用户在移动设备上进行在线交易。因此，必须在信息结构上进行优化。

（1）精简信息。移动用户具有很明确的目的性，移动电子商务网站要在合适的地方提供给用户最需要的信息，而且越简单越好。这样也避免了用户因浏览大数据量页面而等待较长时间。

（2）整合栏目。在精简信息的基础上，以帮助用户完成特定目标为出发点，将关联度较高的栏目按照“任务”的形式进行整合。

（3）采用向下钻取的方式组织复杂内容。使用页面链接的方式对信息进行扩展，方便用户进一步深入了解其感兴趣的内容。

（4）提供有限的选择。遵循“二八原则”，提供最有价值、最常用的信息和功能给用户，其他特殊功能暂时不予考虑。

（5）提供强大的搜索功能。尽可能通过精简信息和栏目的方式帮助用户快速找到最需要的信息。

二、移动网络零售平台市场营销策略

1. 挖掘并创造移动需求

一个新的商业领域的开拓，最重要的是创造需求，而创造需求的关键是挖掘客户潜在的需求。对于移动通信用户来说，即时通信是用户使用移动通信设备的主要目的，但同时也有许多亟待开发的潜在需求。

超前（Proactive）服务管理是移动电子商务应用的新领域。在这种服务中，服务提供者收集当前及未来一段时间与用户需求相关的信息，并预先发出主动服务的信息。类似的移动服务还有很多，需要企业和商家不断地思考、调查和发掘。未来的电信服务内容中，将包括大量各种各样的增值业务，它们的收入总和将大大超过基础业务收入。这些潜在的业务，归根结底，需要厂商进行发掘和推广。同网络零售一样，正在起步的移动网络零售也是一块没有开垦的处女地。

2. 利用移动优势

移动性是移动电子商务服务的本质特征。无线移动网络及手持设备的使用，使得移动电子商务具备许多传统电子商务所不具备的“移动”优势，这使得很多与位置相关、带有流动性质的服务成为迅速发展的业务。移动网络零售不受时间和地点的约束并且具有方便、灵活、安全等特性，用户在需要的时候能够随时访问网页并进行电子商务交易与支付，同时方便买卖双方直接沟通，还可以及时跟踪货物。移动网络零售有其自身的特点，抓住这些特点才能有效地开展网上交易。根据移动网络零售的移动性和直接性两大特点，可充分挖掘由此产生的利润增长点。

3. 加强移动宣传

从理论上说，移动广告具有与一般网络广告类似的特点，它具有很好的交互性、可测量性和可跟踪特性。同时，移动广告还可以提供特定地理区域的直接的、个性化的广告定向发布。因此，移动广告具有许多新的网络直销方式和创收方式。传统广告是单向的，用户不喜欢观看或收听，可以略过这些信息。网络广告具有一定的强迫性，跳出广告可以在浏览网页的同时强制性跳出。而移动设备接收信息的形式使得用户不得不阅读所有收到的信息并加以清除。这就为营销人员提供了获得用户注意力的新方法，并且提供了管理客户关系和建立顾客忠诚度的新方法。

4. 开发“小额”项目

从目前情况看，移动电子商务应用主要集中在“小额”项目领域，即支付金额不大的小额零售购物和服务。这一特点是和移动通信设备的特点相关联的，因为人们在移动过程中很难做出金额较大的购买决策。而利用移动通信设备进行小额物品的购买，决策容易又节省时间，因而成为移动网络零售的首选。

由于消费者需求的特殊性增加，不同消费者在消费结构、时空、品质等诸多方面的差异自然会衍生出特殊的、合适的目标市场，这些市场规模较小，但其购买力并不会相对减弱。目标市场特殊性的强化预示着消费者行为的复杂化和消费者的成熟，也为移动电子商务提供了极好的市场机遇。

“小额”项目具有广阔的市场空间。虽然从每笔交易额看，单笔小额购买和服务的金额不大，但这方面的交易数量极大，因而带来的总交易额巨大，所带来的利润也比较高，应引起厂商的足够重视。

5. 手机微信营销

手机微信营销是现在很流行的一种移动电子商务营销方式，许多企业通过微信公众号发布消息，在树立企业品牌形象的同时也对企业产品做了一定的推广，同样的，许多小规模卖家，也通过在朋友圈发布商品信息，私下进行买卖。

三、移动网络零售 APP 运营策略

（一）APP 产品规划阶段和开发阶段的营销

1. 微型网站

对即将推出 APP 应用软件的微型网站进行精心设计、展示，是必须的工作。随着 APP 开发持续进行，可以添加截图、视频预告片、媒体资料、电子邮件订阅、论坛和社交媒体链接等。同时，在发布这些信息时应提及 APP 的发布日期和支持的平台。

2. 博客

不定期张贴新的内容在自己的博客上，这对其他人来说是有用的、值得分享的、有意义的，这样做的同时也可以为企业网站带来额外的流量。把这些渠道都利用起来，从不同方面展示即将推出的应用程序，让别人知道他们开发的手机应用是值得下载和使用的。

3. 社交媒体

创建一个社交主页账号，并在微型网站上设置“点赞”和“关注”的按钮。要持续更新与应用程序相关的新的截图和其他信息。同时，要建立一个视频频道，用来上传视频预告或各种幕后视频。在视频描述里添加网站地址，用各种 SEO 技巧增加产品微型网站的流量。

4. 论坛

参与到与自身开发的 APP 相关的兴趣话题的论坛讨论。

5. 截图和预告片

一张好图胜过千言万语，好的 APP 截图往往能得到很多转发和点赞。可将独家截图发送给电子邮件订阅用户，在社交媒体上让大家分享 APP 内容。可以制作一个酷炫的预告片，添加一点点创造力、小创新，还可以同时联系 APP 未来用户和移动应用市场营销伙伴。

（二）APP 发行与营销

大量的安装对 APP 的试行是非常重要的。APP 安装量越多，在应用商店中的排名也就越靠前。

1. 应用商店的优化

选择合适的关键字、标签、描述、区域化语言等。准备好引人入胜的应用图标、描述和画面。同时，使用一些工具来提升 APP 排名，如 App Annie、Distimo 或 AppCodes 等。

2. 免费 APP 推广服务

Free App a Day、App O Day 或 App Gratis 等服务器都提供了巨大的初始下载量，可帮助提升 APP 排行。

3. 移动广告

很多的移动广告平台都可以促进提升最新应用的下载量，而且不需要花费太多。

4. 交叉宣传广告

交叉宣传是一种盈利机制。如果自身开发的 APP 有相当优质的流量，那么就可以为他人提供广告空间，从而轻松地实现赢利。

5. 额外的伙伴关系

可以与本行业不同的公司洽谈优惠促销活动以获得更多的支持，他们可能会在下一个新闻发布会上提到 APP，并作为技术解决方案的案例。

思考题

1. 电子商务与移动电子商务有何区别与联系？
2. 移动电子商务的内涵及其发展的原因、发展历程是什么？
3. 移动电子商务的特点与商业模式是什么？
4. 移动电子支付的分类与技术应用包括哪些内容？
5. 移动电子商务有哪些主要的营销方式？
6. APP 有哪些开发技术与营销方式？

第六章 跨境电子商务

学习目的和要求

本章主要阐述跨境电子商务的定义、国家“一带一路”战略与跨境电子商务的关系、跨境电子商务的特点、跨境电子商务的主要分类、跨境电子商务主要障碍与措施。通过本章学习，应达到以下目的和要求：

(1) 学习并了解跨境电子商务的定义与内涵。

(2) 学习并掌握国家“一带一路”战略与跨境电子商务的关系。

(3) 学习并掌握跨境电子商务的特点与主要分类。

(4) 认识跨境电子商务主要障碍与措施。

本章主要概念

传统国际贸易 跨境电子商务 “一带一路”战略 跨境支付 跨境物流 跨境电子商务模式

第一节 跨境电子商务的发展

一、跨境网络零售发展概况

(一) 跨境网络零售的定义

跨境网络零售是指分属不同关境的交易主体，通过网络零售平台达成交易、进行支付结算，并通过跨境物流送达商品，完成交易的一种基于互联网技术的国际贸易活动。

(二) 跨境电子商务与“一带一路”战略

现阶段，中国跨境电商处于发展初期，且在中国进出口交易总额中的占比正在稳步增长。随着跨境电商系统的完善和国家扶持政策的出台，跨境电商将会迎来高速发展期，未来跨境电商整体市场潜力巨大。

截至目前，中国跨境电商主要交易模式以跨境 B2B 为主，在销售产品方面以服装类产品、3C 类产品为主。根据政府披露数据以及第三方数据，可了解到目前我国跨境电商以出口交易为主。但随着我国跨境电商市场的快速发展，用户跨境消费习惯的逐渐养成以及跨境电商企业在产品品类、质量和服务等多方面的提升和完善，我国跨境电商市场自身的竞争力会大幅度提升，进出口交易比例也会逐渐趋于平衡。

跨境电子商务是电子商务中的一个重要分支和业态。2013 年是我国跨境电商发展的元年。据统计，2013 年我国跨境电商进出口交易额为 3. 1 万亿元，同比增长 31. 3%，占我国整体进出口贸易市场规模的 12. 1%。在传统外贸年均增长不足 10% 的情况下，中国跨境电商连年保持着 20%～30%以上的增长。据商务部预测，我国跨境电商交易规模将持续高速发展，跨境电子商务在我国进出口贸易中的比重将会越来越大，到 2016 年将会达到 20%，规模将达 6. 5 万亿元。

“一带一路”是习近平总书记于 2013 年 9 月和 10 月提出的建设“新丝绸之路经济带”和“21 世纪海上丝绸之路”的战略构想，强调相关各国要打造互利共赢的“利益共同体”和共同发展繁荣的“命运共同体”，为古老的丝绸之路赋予了崭新的时代内涵。“一带一路”沿线有 26 个国家，大多是新兴经济体和发展中国家，总人口约 44 亿人，经济总量约 21 万亿美元，分别约占全球的 63%和 29%，货物和服务出口量接近全世界的四分之一。2015 年 6 月 20 日，国务院办公厅印发《关于促进跨境电子商务健康快速发展的指导意见》指出，支持跨境电子商务发展，有利于用“互联网+外贸”实现优进优出，有利于加快实施“一带一路”等国家战略。当前，经济全球化深入发展，区域经济一体化加快推进，全球经济增长和贸易、投资格局正在酝酿深刻调整，亚欧国家都处于经济转型升级的关键阶段，需要进一步激发区域内发展活力与合作潜力。

二、跨境电子商务的特点

跨境电子商务是基于网络发展起来的。网络空间相对于物理空间来说是一个新空间，是一个由网址和密码组成的虚拟但客观存在的世界。网络空间独特的价值标准和行为模式深刻地影响着跨境电子商务，使其不同于传统的交易方式而呈现出自己的特点。

（一）全球性（Globality）

网络是一个没有边界的媒介体，具有全球性和非中心化的特征。依附于网络的跨境电子商务也因此具有了全球性和非中心化的特性。电子商务与传统的交易方式相比，其一个重要特点在于电子商务是一种无边界交易，丧失了传统交易所具有的地理因素。互联网用户不需要考虑跨越国界就可以把产品尤其是高附加值产品和服务提交到市场。网络的全球性特征带来的积极影响是信息的最大程度的共享，消极影响是用户必须面临因文化、政治和法律的不同而产生的风险。任何人只要具备了一定的技术手段，在任何时候、任何地方都可以让信息进入网络，并相互联系进行交易。美国财政部在其财政报告中指出，对基于全球化的网络建立起来的电子商务活动进行课税是困难重重的，因为电子商务是基于虚拟的电脑空间展开的，丧失了传统交易方式下的地理因素，电子商务中的制造商容易隐匿其住所，而消费者对制造商的住所是漠不关心的。比如，一家很小的爱尔兰在线公司，通过一个可供世界各地的接入互联网的消费者点击观看的网页，销售其产品和服务。这很难界定这一交易究竟是在哪个国家内发生的。

这种远程交易的发展，给税收制造了许多困难。税收权力只能严格地在一国范围内实施，网络的这种特性为税务机关对超越一国的在线交易行使税收管辖权带来了困难。而且互联网有时扮演了代理中介的角色。在传统交易模式下往往需要一个有形的销售网点的存在。例如，通过书店将书卖给读者，而在线书店可以代替书店这个销售网点直接完成整个交易。问题是，税务当局往往要依靠这些销售网点获取税收所需要的基本信息，以代扣代缴所得税等。没有这些销售网点的存在，税收权力的行使也会出现困难。

（二）无形性（Intangible）

网络的发展使数字化产品和服务的传输盛行。而数字化传输是通过不同类型的媒介，例如数据、声音和图像，在全球化网络环境中集中而进行的，这些媒介在网络中是以计算机数据代码的形式出现的，因而是无形的。以一个 E-mail 信息的传输为例，这一信息首先要被服务器分解为数以百万计的数据包，然后按照 TCP/IP 协议通过不同的网络路径传输到一个目的地服务器并重新组织转发给接收人，整个过程都是在网络中瞬间完成的。电子商务是数字化传输活动的一种特殊形式，其无形性的特性使得税务机关很难控制和检查销售商的交易活动，税务机关面对的交易记录都体现为数据代码的形式，使得税务核查员无法准确地计算销售所得和利润所得，从而给税收带来困难。

数字化产品和服务基于数字传输活动的特性也必然具有无形性，传统交易以实物交易为主，而在电子商务中，无形产品却可以替代实物成为交易的对象。以书籍为例，传统的纸质书籍，其排版、印刷、销售和购买被看作是产品的生产、销售。然而在电子商务交易中，消费者只要购买网上的数据权便可以使用书中的知识和信息。而如何界定该交易的性质、如何监督、如何征税等一系列的问题却给税务和法律部门带来了新的课题。

（三）匿名性（Anonymous）

由于跨境电子商务具有非中心化和全球性的特性，因此很难识别电子商务用户的身份和其所处的地理位置。在线交易的消费者往往不显示自己的真实身份和自己的地理位置，重要的是这丝毫不影响交易的进行，网络的匿名性也允许消费者这样做。在虚拟社会里，隐匿身份的便利迅即导致自由与责任的不对称。人们在这里可以享受最大的自由，却只承担最小的责任，甚至干脆逃避责任。这显然给税务机关制造了麻烦，税务机关无法查明应当纳税的在线交易人的身份和地理位置，也就无法获知纳税人的交易情况和应纳税额，更不用说去审计核实。该部分交易和纳税人在税务机关的视野中隐身了，这对税务机关是致命的。

电子商务交易的匿名性导致了逃税现象的恶化，网络的发展，降低了避税成本，使电子商务避税更轻松易行。电子商务交易的匿名性使得应纳税人利用避税地联机金融机构规避税收监管成为可能。电子货币的广泛使用，以及国际互联网所提供的某些避税地联机银行对客户的“完全税收保护”，使纳税人可将其源于世界各国的投资所得直接汇入避税地联机银行，规避了应纳所得税。美国国内收入服务处（IRS）在其规模最大的一次审计调查中发现，大量的居民纳税人通过离岸避税地的金融机构隐藏了大量的应税收入。而美国政府估计，大约三万亿美元的资金因受避税地联机银行的“完全税收保护”而被藏匿在避税地。

（四）即时性（Instantaneously）

对于网络而言，传输的速度与地理距离无关。传统交易模式下，信息交流方式如信函、电报、传真等，在信息的发送与接收间，存在着长短不同的时间差。而电子商务中的信息交流，无论实际时空距离远近，一方发送信息与另一方接收信息几乎是同时的，就如同生活中面对面交谈。某些数字化产品（如音像制品、软件等）的交易，还可以即时清结，订货、付款、交货都可以在瞬间完成。

电子商务交易的即时性提高了人们交往和交易的效率，免去了传统交易中的中介环节，但也隐藏了法律危机。在税收领域表现为：电子商务交易的即时性往往会导致交易活动的随意性，电子商务主体的交易活动可能随时开始、随时终止、随时变动，这就使得税务机关难以掌握交易双方的具体交易情况，不仅使得税收的源泉扣缴的控管手段失灵，而且客观上促成了纳税人不遵从税法的随意性，加之税收领域现代化征管技术的严重滞后，依法治税变得苍白无力。

（五）无纸化（Paperless）

电子商务主要采取无纸化操作的方式，这是以电子商务形式进行交易的主要特征。在电子商务中，电子计算机通讯记录取代了一系列的纸面交易文件。由于电子信息以比特的形式存在和传送，整个信息发送和接收过程实现了无纸化。无纸化带来的积极影响是使信息传递摆脱了纸张的限制，但由于传统法律的许多规范是以规范“有纸交易”为出发点的，因此，无纸化带来了一定程度上的法律混乱。

电子商务以数字合同、数字时间截取了传统贸易中的书面合同、结算票据，削弱了税务当局获取跨国纳税人经营状况和财务信息的能力，且电子商务所采用的其他保密措施也将增加税务机关掌握纳税人财务信息的难度。在某些交易无据可查的情形下，跨国纳税人的申报额将会大大降低，应纳税所得额和所征税款都将少于实际所达到的数量，从而引起征税国国际税收流失。例如，世界各国普遍开征的传统税种之一的印花税，其课税对象是交易各方提供的书面凭证，课税环节为各种法律合同、凭证的书立或做成，而在网络交易的情况下，物质形态的合同、凭证形式已不复存在，因而印花税的合同、凭证贴花（即完成印花税的缴纳行为）便无从下手。

（六）快速演进（Rapidly Evolving）

互联网是一个新生事物，现阶段它尚处在幼年时期，网络设施和相应的软件协议的未来发展具有很大的不确定性。但税法制定者必须考虑的问题是网络，它像其他的新生儿一样，必将以前所未有的速度和无法预知的方式不断演进。基于互联网的电子商务活动也处在瞬息万变的过程中，短短的几十年，电子交易经历了从 EDI 到电子商务零售业的兴起的过程，而数字化产品和服务更是花样出新，不断地改变着人类的生活。

一般情况下，各国为维护社会的稳定，都会注意保持法律的持续性与稳定性，税收法律也不例外，这就会引起网络的超速发展与税收法律规范相对滞后的矛盾。如何将分秒都处在发展与变化中的网络交易纳入税法的规范，是税收领域的一个难题。网络的发展不断给税务机关带来新的挑战，税务政策的制定者和税法立法机关应当密切注意网络的发展，在制定税务政策和税法规范时充分考虑这一因素。

三、跨境网络零售的意义

1. 有效地节约资源和降低对外贸易的综合成本

与传统外贸相比，跨境电商可以有效地节约资源和降低对外贸易的综合成本。电商平台拥有商品智能检索、商品信息公开、消费者反馈公开、传播速度快、支付便捷等多方面优势，为中小型企业进入国际市场开辟了捷径，也为本土知名品牌提供了提升国际知名度的良机。

2. 引起了国际贸易的巨大变革

跨境电子商务作为推动经济一体化、贸易全球化的技术基础，具有非常重要的战略意义。跨境电子商务不仅冲破了国家间的障碍，使国际贸易走向无国界贸易，同时它也正在引起世界经济贸易的巨大变革。对企业来说，跨境电子商务构建的开放、多维、立体的多边经贸合作模式，极大地拓宽了进入国际市场的路径，大大促进了多边资源的优化配置与企业间的互利共赢。对于消费者来说，跨境电子商务使他们非常容易地获取其他国家的信息并买到物美价廉的商品。

第二节　跨境电子商务分类及主要企业

跨境电子商务分为出口和进口两类，后者目前在国内主要为海淘服务。跨境电商市场按照商业模式划分为 B2B、B2C 以及 C2C 三种类型。按平台服务类型划分，跨境电商平台分为信息服务平台和在线交易平台。

在跨境电商市场中，跨境 B2B 模式在整体跨境电商行业中尤为重要，扮演着支柱型产业的角色，且跨境 B2B 平台的交易规模占整体跨境电商市场交易规模的 90%以上。

一、出口型跨境电子商务分类

1. 按产业终端用户类型分类

（1）B2B 平台

B2B 跨境电商平台所面对的最终客户为企业或集团客户，并为其提供企业、产品、服务等相关信息。在跨境电商市场中，企业级市场始终处于主导地位。

代表企业有敦煌网、中国制造、阿里巴巴国际站、环球资源网等。

（2）B2C 平台

B2C 类跨境电商企业所面对的最终客户为个人消费者，针对最终客户，以网上零售的方式，将产品售卖给个人消费者。

B2C 类跨境电商平台在不同垂直类目商品销售上也有所不同，如 FocalPrice 主营 3C 数码电子产品，兰亭集势则在婚纱销售上占有绝对优势。B2C 类跨境电商市场正在逐渐发展，且在中国整体跨境电商市场交易规模中的占比不断升高。未来，B2C 类跨境电商市场将会迎来大规模增长。

代表企业有速卖通、DX、兰亭集势、米兰网、大龙网。

2. 按服务类型分类

（1）信息服务平台

信息服务平台主要是为境内外会员商户提供网络营销平台，传递供应商或采购商等商家的商品或服务信息，促成双方完成交易。

代表企业有阿里巴巴国际站、环球资源网、中国制造网等。

（2）在线交易平台

在线交易平台不仅提供企业、产品、服务等多方面信息展示，并且可以通过平台线上完成搜索、咨询、对比、下单、支付、物流、评价等全跨境网络零售购物链环节。在线交易平台模式正在逐渐成为跨境网络零售中的主流模式。

代表企业有敦煌网、速卖通、DX、米兰网、大龙网等。

3. 按平台运营方分类

（1）第三方开放平台

平台型电商通过线上搭建商城，并整合物流、支付、运营等服务资源，吸引商家入驻，为其提供跨境电商交易服务。同时，平台以收取商家佣金以及增值服务佣金作为主要盈利模式。

代表企业有速卖通、敦煌网、环球资源、阿里巴巴国际站等。

（2）自营型平台

自营型电商通过在线上搭建平台，整合供应商资源，以较低的进价采购商品，然后以较高的售价出售商品。自营型平台主要以商品差价作为盈利模式。

代表企业有兰亭集势、米兰网、大龙网等。

二、进口型跨境电子商务分类

1.“保税进口+海外直邮”模式

天猫国际在跨境这方面通过和自贸区的合作，在各地保税物流中心建立了各自的跨境物流仓。它在宁波、上海、重庆、杭州、郑州、广州 6 个城市试点跨境电商贸易保税区、产业园签约跨境合作，全面铺设跨境网点。规避了基本法律风险，同时获得了法律保障，压缩了消费者从下订单到接货的时间，提高了海外直邮服务的便捷性。

2.“自营+招商”模式

“自营+招商”的模式相当于发挥企业最大的内在优势，在内在优势缺乏或比较弱的方面就采取外来招商的方式以弥补自身不足。苏宁就选择了该模式，结合它的自身现状，在传统电商方面发挥它供应链、资金链的内在优势，同时通过全球招商来弥补国际商用资源上的不足。

3.“自营而非纯平台”模式

京东海外购在 2012 年年底上线了英文版，直接面向海外买家出售商品。2014 年年初，京东宣布为提升国际化程度，采用自营而非纯平台的方式，京东海外购是京东海淘业务的主要方向。京东控制所有的产品品质，确保发出的包裹能够得到消费者的信赖。

4.“直营+保税区”模式

“直营”模式就是指跨境电商企业直接参与到采购、物流、仓储等海外商品的买卖流中。在物流监控、支付体系方面都有自己的一套体系。保税物流模式的开启会大大压缩消费者从订单到接货的时间，加之海外直邮服务的便捷性，使得聚美海外购购买周期可由 15 天压缩到 3 天，甚至更短，并保证物流信息全程可跟踪。

第三节　跨境电子商务主要障碍及应对措施

一、跨境电子商务主要障碍

1. 通关仍是跨境电子商务交易的最大壁垒

尽管基于互联网的信息流动已畅通无阻，然而货物的自由流动仍然受到国界的限制，海关通过是目前跨境电子商务发展的最大壁垒。进出口货物需要通关，这是一个国家框架下的行为准则，是跨境电子商务不可逾越的关卡。即便是小额跨境电子商务也有可能因为进出口货物超过海关规定数量，而被要求进行申报。其间一系列烦琐的手续及费用的支出常常成为消费者和网上卖家沉重的经济负担，此外，因申报不合格而使商品滞留在海关导致消费者无法收到货品的现象也时有发生。

海关总署 2010 年发布的规定表明：个人邮寄进境物品，进口税税额在人民币

50元（含50元）以下的，海关予以免征。超出规定限值的，应办理退运手续或者按照货物规定办理通关手续。而根据海关总署1994年执行的原规定，个人物品进口税免税额最高可达500元，相比之下，个人邮寄物品的免税额度减少了近10倍。而此前，根据海关总署1990年原有规定，进出口货样和广告品金额在400元以内的，可以申请免征关税。海关总署的新近政策显然对以利用电子商务在线交易便捷性为特征的海外代购和小额外贸进出口模式带来一定的冲击。为了减少海关环节对小额跨境外贸电子商务业务的影响，很多贸易商开始选择委托通关服务，以期最大程度上地降低海关环节的成本及费用。

就国际范围来看，制约小额跨境外贸电子商务发展的关键是：目前，大多数国家仍未能实现个人小额进口税制的系统化管理，即便是同一国家的通关处理也会因为现场通关人员的业务能力不同而存在不同尺度。对于各国海关而言，对小额进出口货物的管理如何考量本身就是一个复杂的问题，完全放开小额进出口，不利于海关控制，容易给国家造成损失；而对小额进出口管制过严，必然会阻碍产业的发展，也将出现更多不通过正规途径的地下交易。如何建立健全新的小额进口税制机制，并在一个国际性的框架下，真正实现小额跨境电子商务贸易商与消费者便捷的交易与购物，是小额跨境外贸电子商务发展中一个亟须解决的问题。

2. 跨境电子商务物流业发展仍显滞后

电子商务较之传统商务模式的优势在于信息流、物流、资金流利用的高效性和便捷性。作为整个产业链中的上下两环，线上商品交易与线下货物配送两者发展须相辅相成。正如淘宝的产生及发展带动了境内电子商务物流的变革，圆通、申通、顺风等一大批民营快递公司的兴起，使国内电子商务交易的便捷性得到极大的保证及提高。而相比之下，当前跨境外贸电子商务的快速发展却让准备不足的物流运输渠道措手不及，以香港邮政小包为例，这家跨境小额交易卖家最常选用的物流渠道，曾几度因为业务量过多，迅速达到吞吐上限，造成货物严重积压，很多依赖香港邮政的国内卖家被迫另外寻找价格更贵的物流公司。对于跨境电子商务物流企业来说，重点考量的内容除极具优势的价格之外，还应包括服务品质与服务内容，而在跨境电子商务交易中，物流配送的及时性和安全性是影响境外买家购买体验的重要因素，也直接关系到卖家获得的评价水平，进而关系到卖家的销售业绩。

随着小额跨境电子商务交易的急速发展，跨境电子商务物流业正在经历着一场新的变革，兼顾成本、速度、安全，甚至包含更多售后内容的物流服务产品应运而生，如以海外仓储为核心的跨境电子商务全程物流服务商已经出现。通常小额跨境物流配送需要15~30天的时间，而通过对不同卖家需求的不同货运方式组合，这一配送时间已经大大缩短。此外，海外仓储建设的逐步完善将提升卖家在国际贸易中的竞争地位。

跨境电子商务物流业作为现代物流业领域中的新生事物，已经展现出蓬勃发展的生机，伴随着小额跨境电子商务交易市场的进一步成熟，跨境电子商务物流企业还将存在着巨大的上升空间。未来的跨境电子商务物流企业应该更加强调全球供应链集成商的角色，通过高效处理库存、仓储、订单、物流配送等相关环节，整合最佳资源，为小额跨境电子商务提供综合性的供应链解决方案。

3. 跨境电子商务交易信用问题凸显

电子商务是基于网络虚拟性及开放性的商务模式，由此产生的参与者信用不确定性已经成为电子商务发展中的桎梏。《2010 年中国网络购物安全报告》指出，2010 年国内约 1 亿在线消费者受到虚假网络信息侵害，诈骗金额高达 150 亿元。相关机构的调研也显示，有能力网购而不进行网购的消费者中，80%是出于信用及安全方面的担忧。国内电子商务交易信用问题突出的同时，跨境电子商务信用问题也很严重：国内供应商的假冒伪劣产品成为跨境外贸电子商务发展的顽疾，因为侵犯知识产权而被海关扣留的仿牌产品事件时有发生，而年初国内某知名外贸电子商务网站被暴信用欺诈，更使得跨境外贸电子商务信用问题凸显。

相比国内电子商务交易，跨境电子商务更需要完善、跨地区、跨文化的信用体制来应对复杂的交易环境。在实际操作中，由于各国法律不同且存在地区差异，缺乏统一的信用标示，各国的信用管理体系尚不能被很好地应用到跨境电子商务领域。相比信用体系建设及管理相对完备的美国及欧盟国家，我国的企业信用管理机制则显得滞后很多。目前国内唯一最具权威、规模最大的面向中小企业电子商务的第三方信用管理平台是信星计划，它利用互联网广泛发布企业基本信用信息并以指数方式表示信息的质与量，其目的是培养国内中小企业的信用意识，提高国内企业的信用透明度。跨境电子商务信用体系建设是一项系统工程，需要各国政府及相关机构的协调配合，制定行业规范、完善认证体系以及寻求在法律框架下的信用制度安排，都将是跨境电子商务发展所需要的。

二、发展跨境电子商务的措施

1. 完善跨境网络零售支持政策

明确跨境电子商务交易的业务范围和开放顺序，建立跨境电子商务主体资格登记及支付机构结售汇市场准入制度，适时出台跨境电子商务及支付外汇管理办法。将跨境电子商务及支付主体纳入外汇主体监管体系，有效统计与监测跨境电子商务外汇收支数据，明确国际收支统计申报主体和申报方式，规范外汇备付金管理。在政策支持方面，对电子商务出口经营主体进行分类，建立适应电子商务出口的新型海关监管模式并进行专项统计，建立相适应的检验监管模式，支持企业正常收结汇，鼓励银行机构和支付机构为跨境电子商务提供支付服务，实施相适应的税收政策，建立电子商务出口信用体系。

2. 积极开拓跨境电子商务市场

与国外电商企业相比，中国跨境电商行业起步较晚，因此，重视并引导企业和消费者积极参与跨境电子商务市场开拓尤为必要。2012 年年底由国家发改委、海关总署共同开展了国家跨境贸易电子商务服务试点工作，郑州、上海、重庆、杭州和宁波 5 大城市的跨境电商试点使得越来越多的国内企业商户和个人消费者认识到跨境电子商务带来的广阔市场空间以及丰厚的利润空间。

3. 丰富跨境电子商务平台业务功能

跨境电商平台信息化建设从单一的信息提供平台转向涵盖海外推广、交易支持、在线物流、在线支付、售后服务、信用体系和纠纷处理等整合服务的综合性交易平台。把握海外市场环境，研究消费者偏好及对货物的需求，提升跨境电商平台产品的丰富性和供应商的多元化，以满足消费者需求。从政策层面鼓励中国非金融机构进入跨境电子支付领域，利用第三方支付形态的便捷性，提升跨境支付效率。当前跨境电商物流周期通常为一周至一个月，严重影响消费者体验，因此，海外仓储的建设以及国际物流体系的建立有助于缩短跨境电商物流周期，提升跨境网购服务质量，应根据需要科学建立海外物流仓储系统。网络营销与线下展业结合，实现产品与品牌的全方位营销网络。通过与相关银行合作，向中、小、微供应商提供小额流动资金贷款服务，为小额跨境外贸电子商务发展创造良好的信用环境。

4. 加强跨境电子商务国际合作

面对电子商务带来的诸如关税与税收、统一商业代码、知识产权保护等一系列新问题，各国需要加强对话与合作。通过学习国外成熟的相关经验，逐步发展壮大中国跨境电子商务。同时通过对话活动影响电子商务新贸易规则的制定，提高中国跨境电子商务的国际化水平。

5. 建立跨境电子商务海关监管新模式

建立电子商务出口新型海关监管模式并进行专项统计，主要用以解决目前零售出口无法办理海关监管统计的问题。同时，将电子商务出口纳入海关统计。支持企业正常收结汇，主要用以解决企业目前办理出口收汇存在的困难。目前，由于海关、检验检疫和收付汇等环节无法正常办理手续，电子商务出口企业自然也无法办理出口退税，不利于其降低经营成本，提高国际竞争力。

6. 创新跨境电子商务出口检验监管模式

创新跨境电子商务出口检验监管模式主要用以解决电子商务出口无法办理检验检疫的问题。按照现行体制，出口企业应在产地对法检商品进行报检，并交纳一定费用。而电子商务出口的商品具有来源地广泛、批次多、批量小、单件金额低等特点，很难按照要求在产地进行报检。检验监管模式建立后，将对电子商务出口企业及其产品进行检验检疫备案或准入管理，利用第三方检验鉴定机构进行产品质量安全的合格评定。实行全申报制度，以检疫监管为主，一般工业制成品不再实行法检。实施集中申报、集中办理相关检验检疫手续的便利措施。

7. 鼓励银行机构和支付机构为跨境电子商务提供支付服务

为跨境电商提供支付服务主要用以解决支付服务配套环节比较薄弱的问题。目前，我国银行业与国际第三方支付机构合作力度不够，加上我国支付企业国际化程度较低，导致本土支付企业的跨境结算服务能力较弱，尚未被海外买家普遍采用，有国际影响力的本土支付服务企业极少。新政策下，支付机构办理电子商务外汇资金或人民币资金跨境支付业务，可分别向国家外汇管理局和中国人民银行申请，并按照支付机构有关管理政策执行。同时将进一步完善跨境电子支付、清算、结算服务体系，切实加强对银行机构和支付机构跨境支付业务的监管力度。

8. 建立和完善电子商务出口信用体系

建立和完善电子商务出口信用体系主要用以解决信用体系和市场秩序有待改善的问题。部分企业在电子商务出口中不重视商业诚信，侵犯知识产权和销售假冒伪劣产品等问题时有发生，甚至出现欺诈等违法行为，既损害我国企业声誉，也对我国产品国际形象带来负面影响。

思考题

1. 什么是跨境电子商务？它与传统国际贸易有何区别？为什么传统国际贸易必须向跨境电子商务转型升级？
2. 国家“一带一路”战略与跨境电子商务有何紧密关系？
3. 跨境电子商务的特点与主要分类是什么？
4. 跨境电子商务主要障碍有哪些？应采取什么措施？
5. 跨境电子商务支付与物流同境内电子商务有何区别？

第七章　网络零售支付与结算

学习目的和要求

本章主要阐述传统支付与结算方式向网络零售支付与结算方式发展的必然性、网络零售支付方式的兴起、在线支付与线下支付的区别与联系、网上银行的特点与运行方式、第三方支付在网络零售中存在的必要性与技术实现方式。通过本章学习，应达到以下目的和要求：

（1）认识传统支付存在的局限性。

（2）了解并掌握传统支付与结算方式向网络零售支付与结算方式发展的必然性。

（3）了解并掌握在线支付与线下支付的区别与联系。

（4）学习并掌握网上银行的特点与运行方式。

（5）学习并掌握第三方支付在网络零售发展中的作用与技术实现方式。

本章主要概念

支付　电子支付　移动支付　网上银行　3A银行　第三方支付　支付网关　账户支付　支付流程

第一节　网络零售支付与结算发展

一、传统支付结算方式的局限性

对付结算方式是伴随着商品经济的发展而逐步出现的，现金支付结算在我国乃至全球已存在了数千年的历史。后来，随着英国工业革命开始，银行的出现大大促进了商品经济的发展与繁荣，人类逐渐进入工业经济社会。这时，商务的规模、覆盖范围、涉及对象、运作复杂性等均大大增加，所以出现了诸多支付结算方式。特别是，伴随近50年来计算机技术、通信技术、信息处理技术的进步，基于专线网络的金融电子化工具逐步在银行业得到应用，信用卡支付、电汇、EFT等支付结算方式的出现，在一定程度上提高了银行业务处理的自动化程度与效率。进入21世纪，人类跨入信息网络时代，电子商务逐渐成为企业信息化与网络经济的核心，这些工业经济时代里产生的传统支付结算方式在处理效率、方便易用、安全可靠、运作成本等多方面存在许多局限性。

1. 传统支付结算方式运作速度与处理效率比较低

大多数传统支付与结算方式涉及人员、部门等众多因素，牵扯许多中间环节，并且基于手工处理，造成支付结算效率的低下。

2. 大多数传统支付结算方式在支付安全上问题较多

伪币、空头支票等现象造成支付结算的不确定性和商务风险增加，特别是跨区域远距离的支付结算。一些传统支付结算方式，如现金、支票，有时还会给人身健康、安全带来威胁，比如纸质现金与支票等均是病毒的携带者。

3. 绝大多数传统支付结算方式应用起来并不方便

各类支付介质五花八门，发行者众多，使用的辅助工具、处理流程与应用规则和规范也均不相同，这都给用户的应用造成了困难。即使使用信用卡、电汇、EFT等电子支付结算方式，由于基于不同银行各自的金融专业网络，使用上有的还需要有专业人士用的专业应用软件，所以在开始普及应用上就存在很大的局限性。

4. 传统的支付结算方式运作成本较高

由于涉及较多的业务部门、人员、设备与较为复杂的处理流程，运作成本也较高。特别是像邮政汇兑、支票等方式，不但需要设置专业柜台和人员进行处理，而且浪费资源。

5. 传统支付结算方式很难满足用户随时随地个性化查询支付结算信息的要求

传统的支付结算方式，包括目前一些电子支付方式在内，为用户提供全天候、跨区域的支付结算服务并不容易，或很难做到。随着社会的进步和商品经济的发展，人们对随时随地的支付结算、个性化信息服务需求日益强烈，比如随时查阅支付结算信息、资金余额信息等。

6. 传统支付结算方式资金使用效率低

传统的支付结算方式特别是中国企业比较流行的纸质支票的应用并不是一种即时的结算，企业资金的回笼有一定的滞后期，增大了企业的运作资金规模。现金的过多应用给企业的整体财务控制造成一定的困难，同样对国家控制金融风险不利，且给偷税漏税、违法交易提供了方便。

二、支付是网络零售发展的关键和瓶颈

（一）支付是网络零售发展的关键

网络零售的发展日新月异，令人目不暇接，但真正决定网络零售的是支付方式。在网络零售中的“四个流”（商流、信息流、资金流、物流）中，最核心的是资金流。这是因为：

第一，互联网为商业交易提供了非常好的商流、信息流支撑平台，但资金流和物流不容易通过网络来实现。

第二，任何一笔交易最后都要落实到货币的支付结算上来，货币的所有权转移

是所有商业交易的一个核心，没有货币所有权的转移，商业交易就没有真正完成，所以网上支付结算是网络零售最终得以实现的关键。

第三，如果网络零售仍旧依靠传统的支付结算方式，不能实现实时在线支付，那么这个电子商务只是“虚拟商务”，只是“第四媒体”、电子商情、电子合同，而无法真正实现网上成交。

第四，通过一定的网上支付结算流程设计和制度安排，网上在线实时支付与查询也是确保交易双方利益平衡的根本保证。

第五，网上支付结算本身具有的全天候、跨地域优势是化解传统支付结算方式受时空局限性大与网络零售所要求的全天候、跨地域实时支付结算与信息查询矛盾的唯一解决方案。

（二）支付是制约网络零售发展的瓶颈

进入 21 世纪，商品经济更加发达，规模巨大，经济全球化的深入把企业或个人的商务触角伸展到更大的范围，全世界均成了商业战场。在这种背景下，高效准确、快捷安全、全天候、跨区域的商务是人们追求的目标。资金流是商务运作模式的核心环节，是政府、商家、客户最为关心的对象，其运作的好坏直接影响到商务处理的效果，因此政府、企业以及个人对解决资金流的运行效率和服务质量的要求也越来越高。在这种背景下，特别是信息网络技术的进步，促使资金流的支付结算系统不断从手工操作走向电子化、网络化与信息化。

作为四大流之一的资金流是决定电子商务能否安全顺利、方便快捷、低成本开展的关键环节，其流动与处理的效率、成本高低直接关系到电子商务的开展效果，这就对支撑电子商务资金流的支付结算方式提出了更高的要求。

过去我们只认为互联网是信息传播新媒体，把互联网简单地等同于纸张、电报、电话、报纸、电视等，作为通信手段的发明，最多只认为它多一个信息的双向传输互动功能，而没有意识到互联网与上述媒体最大的区别在于它不仅是信息传输的工具，而且是电子货币的实时在线交易传输的工具和支付结算信息查询工具。互联网正是凭借这一强大功能，将它同其他媒体区别开来，并可代替其他媒体，而其他媒体则不能代替互联网。过去，货币的所有权人对货币在互联网上存储、流动心存疑虑，这是因为那时还没有一个让商业交易双方权利义务平衡、交易双方都认可且双赢的货币所有权转移方案。现在，第三方支付工具的出现及其本身的信用化，为交易双方的权利义务平衡找到了一个较好的解决方案。

网上支付结算操作方法烦琐，对网上支付结算使用者的文化水平和互联网使用能力有较高要求，这在很大程度上妨碍了网络零售交易中网上支付结算的普及和运用。

不管怎样，电子商务是网络经济的核心内容，是发展趋势，基于网络特别是 Internet 的网络支付结算方式的发展与应用也是必然的发展趋势。当然，这并不意味着以手工作业为主的传统支付结算体系中应用的各种支付结算手段很快会被淘汰，特别是在中国这个具有悠久历史的发展中国家，因为这些支付结算工具都各有利弊，在某个阶段也分别适用于不同的领域，满足了不同的用户需求。像现金支付，具有面对面、简单灵活的特点，适合大量的文化层次较低的公民，在基础设施较差的农村等，也较为适用。

第二节　网上银行

一、网上银行的概念

1. 网上银行的定义

网上银行又称在线银行，是指银行利用 Internet 技术，通过 Internet 向客户提供开户、销户、查询、对账、行内转账、跨行转账、信贷、网上证券、投资理财等传统服务项目，使客户可以足不出户就能够安全便捷地管理活期和定期存款、支票、信用卡及个人投资等。可以说，网上银行是在 Internet 上的虚拟银行柜台。网上银行不受时间、空间限制，能够在任何时间（Anytime）、任何地点（Anywhere）、以任何方式（Anyway）为客户提供金融服务，因此，网上银行又被称为“3A 银行”。

根据巴塞尔银行监管委员会的定义，网上银行是指那些通过电子通道提供零售与小额产品和服务的银行。这些产品和服务包括存贷、账户管理、理财顾问、电子支付，以及其他一些诸如电子货币等电子支付的产品和服务。

对网上银行的概念可以从服务载体、服务场所和服务内容三个层次进行理解。这里的服务载体不局限于互联网，还包括银行的内部计算机网络、专用通信网络或其他公用信息网络。从服务场所看，网上银行的终端既可以是计算机设备，也可以是电话等通信工具。网上银行的服务内容包括自助银行业务、电话银行业务、网上银行业务，还有新兴的手机银行业务和短信银行业务。而网上银行业务一般指的是通过互联网从事的银行业务。

2. 狭义和广义的网上银行

虽然目前国内外大部分银行都有网址和网页，但拥有互联网网址或网页的银行不一定就是网上银行。如美国排名靠前的 100 家银行均拥有自己的网址和网页，但是其中只有 24 家被《在线银行报告》（Online Banking Report）列为“真正的网上银行”，因为只有在这 24 家银行的网站上，客户才可以查询账户余额、划拨款项和支付账单。更多的网站只是提供银行的历史资料、业务情况等信息，并没有提供网上银行业务。而美国最著名的网上银行评价网站 Gomez 则要求在线银行至少提供以下五种业务中的一种，才可以被称为网上银行：网上支票账户、网上支票异地结算、网上货币数据传输、网上互动服务和网上个人信贷。

网上银行有狭义和广义之分，狭义的网上银行又称纯网上银行，是指能够提供以上五种服务中的至少一种，没有实体分支机构或自动柜员机，仅利用网络进行金融服务的金融机构；广义的网上银行则包括纯网上银行、电子分行和远程银行。电子分行是指在拥有实体分支机构的银行中从事网上银行业务的分支机构。远程银行是指拥有 ATMs、电话、专用的个人网上银行和企业网上银行系统，以及纯网上银行的金融机构。现在所指的网上银行基本上沿用了广义网上银行的定义。我国境内网上银行的业务，准确地讲只是网上银行业务的初级阶段或传统银行业务的电子化延伸。

3. 网上银行的业务框架

网上银行是利用网络通信技术向用户提供金融服务的银行。当网上银行被称为在线银行时，是指利用互联网技术，通过互联网与客户建立联系，并向客户提供开户、销户、信贷、网上证券交易、投资理财等金融产品及金融服务的新型银行。

可以看出网上银行是金融机构利用网络通信技术在互联网上开设的虚拟银行，使传统的银行服务不再通过银行的分支机构来实现，而是借助技术手段在网络上实现。它开创了一种全新的银行与客户的交互方式，使得用户可以不受上网方式和时空的限制，只要能够上网，无论在家里、办公室，还是在旅途中都能够安全便捷地管理自己的资产和享受银行的服务。图 7-1 给出了网上银行与客户、商户、电子商务和互联网之间的关系。

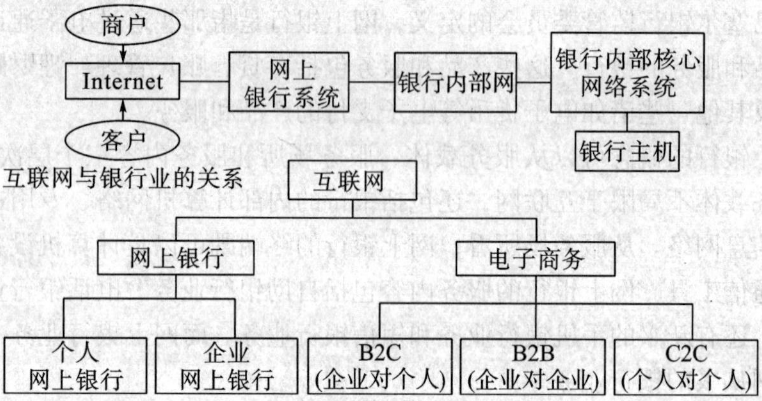

图 7-1　网上银行的基本框架

二、网上银行的特点

1. 全面实现无纸化交易

以前使用的票据和单据大部分被电子支票、电子汇票和电子收据所代替；原有的纸币被电子货币，即电子现金、电子钱包、电子信用卡所代替；原有纸质文件的邮寄变为通过数据通信网络进行传送。

2. 服务方便、快捷、高效、可靠

通过网上银行，用户可以享受到方便、快捷、高效和可靠的全方位服务。可在任何需要的时候使用网上银行的服务，不受时间、地域的限制，即实现 3A（Anywhere、Anyway、Anytime）服务。

3. 经营成本低廉

由于网上银行采用了虚拟现实信息处理技术，可以在保证原有的业务量不降低的前提下，减少营业点的数量。

4. 简单易用

网上 E-mail 通信方式也非常灵活方便，便于客户与银行之间以及银行内部的沟通。

与传统银行业务相比，网上银行业务有许多优势：一是大大降低银行经营成本，有效提高银行盈利能力。开办网上银行业务，主要利用公共网络资源，不需设置物理的分支机构或营业网点，减少了人员费用，提高了银行后台系统的效率；二是无时空限制，有利于扩大客户群体。网上银行业务打破了传统银行业务的地域、时间限制，具有 3A 特点，即能在任何时候（Anytime）、任何地方（Anywhere）、以任何方式（Anyway）为客户提供金融服务，这既有利于吸引和保留优质客户，又能主动扩大客户群，开辟新的利润来源；三是有利于服务创新，向客户提供多种类、个性化服务。通过银行营业网点销售保险、证券和基金等金融产品，往往受到很大限制，主要是由于一般的营业网点难以为客户提供详细的、低成本的信息咨询服务。利用互联网和银行支付系统，容易满足客户咨询、购买和交易多种金融产品的需求，客户除办理银行业务外，还可以很方便地进行网上股票、债券买卖等，网上银行能够为客户提供更加合适的个性化金融服务。

三、网上银行的分类

网上银行发展的模式有两种：一种是完全依赖于互联网的无形的电子银行，也叫“虚拟银行”。所谓虚拟银行就是指没有实际的物理柜台作为支持的网上银行，这种网上银行一般只有一个办公地址，没有分支机构，也没有营业网点，采用国际互联网等高科技服务手段与客户建立密切的联系，提供全方位的金融服务。以美国安全第一的网上银行为例，它成立于 1995 年 10 月，是在美国成立的第一家无营业网点的虚拟网上银行，它的营业厅就是网页画面，当时银行的员工只有 19 人，主要的工作就是对网络进行维护和管理；另一种是在现有的传统银行的基础上，利用互联网开展传统的银行业务交易服务。即传统银行利用互联网作为新的服务手段为客户提供在线服务，实际上是传统银行服务在互联网上的延伸，这是目前网上银行存在的主要形式，也是绝大多数商业银行采取的网上银行发展模式。事实上，我国还没有出现真正意义上的网上银行，也就是“虚拟银行”，国内现在的网上银行基本都属于第二种模式。

四、网上银行的产生和发展

20 世纪末，计算机的普及和网络技术的成熟，带动发展了一大批网络产业，其中多以服务业为主。随着金融电子化技术的应用与成熟，网上银行也应运而生，并且很快蔓延到全球。网上银行的出现是金融业务创新、商业流通模式进步和信息技术发展的必然结果。

五、网上银行的业务内容

随着互联网技术的不断发展创新，网上银行提供的业务种类和业务深度都在不断地丰富、提高和完善。网上银行提供的业务一般包括两类：一类是传统的商业银行业务品种在网络上的实现。这类业务在网上银行建设的初期占据了主导地位。另一类是完全针对互联网的多媒体互动的特性设计的新业务品种。这类业务以客户为中心、以科技为基础，真正体现了按照市场的需求“量身定做”的个性化服务特色。

网上银行的业务分为以下几种：

1. 基本网上银行业务

商业银行提供的基本网上银行业务包括在线查询账户余额、交易记录，下载金融业务信息，转账和网上支付等。

2. 网上投资

由于金融服务市场发达，可以投资的金融产品种类众多，国外的网上银行一般提供包括股票、期权、基金投资买卖等在内的多种金融产品的服务。

3. 网上购物

商业银行的网上银行设立的网上购物协助服务大大方便了客户网上购物，为客户在相同的服务品种上提供了多样化的金融服务或相关的信息服务，加强了商业银行在传统竞争领域的竞争优势。

4. 个人理财助理

个人理财助理是国外网上银行重点发展的一个服务品种。各大银行将传统银行业务的理财助理转移到网上进行，通过网络为客户理财提供各种解决方案、咨询建议，或者提供金融服务的技术援助，从而极大地扩大了商业银行的服务范围，并降低了相关的服务成本。

5. 企业银行

企业银行服务是网上银行服务中最重要的部分之一。其服务品种比个人客户的服务品种更多，也更为复杂，对相关技术的要求也更高。能够为企业提供网上银行服务是商业银行实力的象征之一。一般中小网上银行或纯网上银行只能部分提供，甚至完全不提供这方面的服务。

企业银行服务一般包括账户余额查询、交易记录查询、总账户与分账户管理、转账、在线支付各种费用、透支保护、储户账户与支票账户资金自动划拨、商业信用卡等服务，此外，它还包括投资服务等。部分网上银行还为企业提供网上贷款业务。

6. 其他金融服务

除了银行服务外，大商业银行的网上银行均通过自身与其他金融服务网站联合的方式为客户提供多种金融服务产品，如保险、抵押和按揭等，以扩大网上银行的服务范围。

六、网上银行的个人业务

个人网上银行是指银行借助互联网，为个人客户提供金融自助服务的电子银行。它是银行对社会大众提供的服务，目的是将银行服务送到千家万户，使每个人都享受到由网上银行带来的便捷、高效的服务。

个人网上银行为客户提供了各种金融和非金融的服务，主要内容如图 7-2 所示：

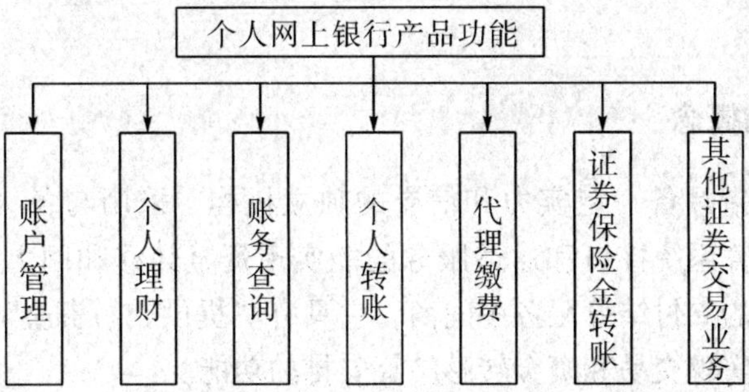

图 7-2 个人网上银行产品功能示意图

1. 账户管理

账户管理主要包括账号列出，列出个人在银行的所有账户；添加账号，将账号纳入网上银行进行管理；隐藏账号，将已经纳入网上银行管理的某些账户隐藏；设置网上交易账号，用于网上购物、消费等。

2. 个人理财

网上银行的个人理财主要是指个人账户组合、家庭理财计划、投资与保险等。个人账户组合是指客户名下账户之间的交易，包括活期互转、活期转定期、定期转定期等；家庭理财计划包括收支计算器、理财计划等；投资与保险主要包括各种投资与保险计划。

3. 账务查询

财务查询主要包括信用卡账务状况的查询和储蓄账户状况的查询。

4. 个人转账

网上转账的对象是与网上银行建立了转账服务协议关系的客户。网上转账指的是客户通过网上银行的账户系统，对自己名下的账户进行自助操作，将账户内的资金在一定范围内进行转移的过程。网上个人转账可以分为系统内和系统外转账两类。系统内转账流程均由网上银行主机和业务系统主机完成，不需要人工参与。系统外转账是指客户将自己名下的账户资金转到系统外银行的账户。总体来讲，个人转账功能主要包含个人名下活期互转、个人名下活期和定期互转、网上速汇通等。

5. 代理缴费

代理缴费是一种特殊的网上自助转账服务，是指客户进入网上银行的账户系统将自己账户里的资金直接转移到同行开设的公用事业单位等特定的账户里，从而完成电话费、水费等经常发生费用的缴纳。代理缴费要求银行必须将自己的账户系统与被代理单位的系统进行实时的连接，这也是与普通客户网上转账服务要求的不同之处。

6. 证券保险金转账和其他证券交易业务

网上证券保证金转账是指客户通过网上银行系统，将资金在自己名下的活期账户与证券保证金账户之间进行互转。客户可以通过这一服务及时补充交易资金，还可以将闲置的证券资金调回银行的储蓄账户，避免利息的损失。

第三节　第三方支付

一、第三方支付的概念

第三方支付是指具备一定实力和信誉的独立机构，采用与各大银行签约的方式，提供与银行支付结算系统接口和通道服务的能实现资金转移和网上支付结算服务的机构。作为双方交易的支付结算服务中间商，它具有“提供交易资金流服务通道”，并通过第三方支付平台实现交易和资金转移结算安排的功能。

在第三方支付模式中，其债权债务清算流程是：买方选购商品后，使用第三方平台提供的账户进行货款支付，并由第三方通知卖家货款到账、要求发货。买方收到货物，并检验商品进行确认后，就可以通知第三方付款给卖家，第三方再将款项转至卖家账户上。

第三方支付服务提供商是指支付服务平台提供商通过通信、计算机和信息安全技术，在商家和银行之间建立连接，从而实现从消费者到金融机构以及商家之间货币支付、现金流转、资金清算、查询统计的一个平台。这种交易完成的过程实质是一种提供结算信用担保的中介服务方式。如图 7-3 所示：

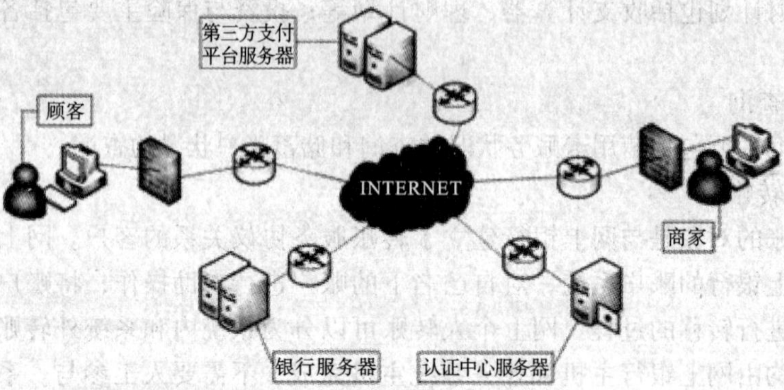

图 7-3　第三方支付平台账户支付流程图

第三方支付平台的盈利模式主要还是靠收取手续费。第三方支付平台与银行确定一个基本的手续费率，缴给银行，然后，第三方支付平台在这个费率基础上加上自己的毛利润率，向客户收取费用。

二、第三方支付分类

目前，在我国从事此类网上支付业务的第三方支付服务公司（机构）已经多达 50 多家，其业务模式有支付网关模式——首信易支付；账户支付模式——支付宝。

第一类是支付网关模式，是电子支付产业发展最成熟的一种模式。包括银行和很多第三方支付公司提供的在线支付实际都利用了银行卡网关支付。限于这种支付形式提供的实际应用价值相对有限，而且并不十分方便，所以一定会被其他的支付方式所取代。

第二类是账户支付模式，比如支付宝，支付者可以通过网上的支付账号直接进行交易。目前大多数商户首选这种支付方式，同时这种支付方式还嵌入了数字证书之类的安全手段，加上它提供的多种配套服务以及符合中国人使用习惯的模式，使它占领了中国 B2B 以及 C2C 领域的大部分市场。

淘宝网、eBay、慧聪网都分别推出了各自基于第三方的支付工具“支付宝”“安付通”“买卖通”。同时，专门经营第三方支付平台的公司也纷纷出现，如网银在线、YeePay、支付@ 网、快钱网、西部支付等。

三、第三方支付交易流程

以 B2C 和 C2C 交易为例，其交易流程如图 7-4 所示：

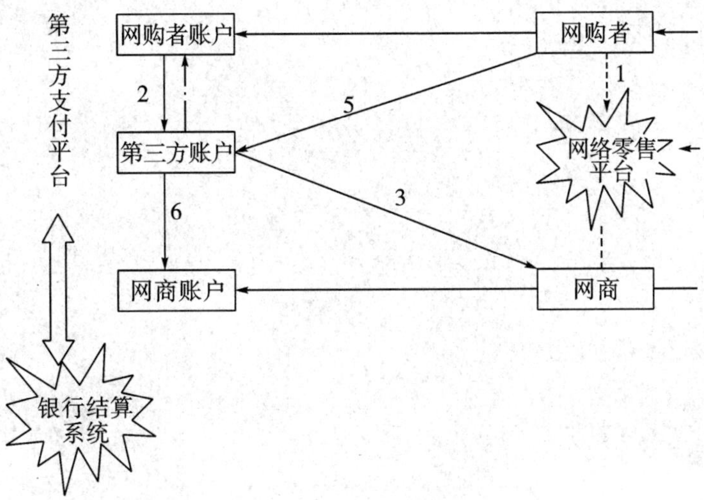

图 7-4　第三方平台参与的电子商务交易流程

图 7-4 中各数字说明如下；

1 代表网购者在网络零售平台选购网货，与网商讨价还价，最后决定购买；2 代表网购者选择支付方式（选择利用第三方作为交易中介），网购者用借记卡或信用卡将货款划到第三方账户，并设定发货期限；3 代表第三方支付平台通知网商网购者的网货款已到账，并要求他在规定时间内发货；4 代表网商收到通知后按照订单发货，并在网络零售平台上做相应的记录，网购者可在网络零售平台上查看自己所购买网货的物流状态，如果网商没有发货，则第三方支付平台会通知网购者交易失败，并询问是将网货款划回其账户还是暂存在支付平台；5 代表网购者收到网货并确认满意后通知第三方，如果网购者对网货不满意，或是认为与网商承诺有出入，可通知第三方拒付网货款并将网货退回网商；6 代表网购者满意，第三方将其停留在第三方账户上的网货款划入网商账户，交易完成，网购者对网货不满，则第三方在确认网商收到退回的网货后将网购者的网货款划回或暂存在虚拟第三方账户中等待网购者下一次交易支付。

思考题

1. 传统支付存在哪些局限性？
2. 为什么传统支付与结算方式向网络零售支付与结算方式发展是历史的必然？
3. 在线支付与线下支付有哪些区别与联系？
4. 网上银行有哪些特点？其运行方式是什么？
5. 第三方支付在网络零售发展起着哪些作用？其技术实现方式是什么？
6. 移动支付有哪些新的技术实现方式？
7. 支付网关在保证网上银行支付安全中起着什么作用？
8. 网络零售交易的支付流程是什么？

第八章　网络零售交易规则

学习目的和要求

本章主要阐述网络零售交易规则与监管产生的经济学原因、网规的内涵与外延、网规与传统网络零售交易规则相比所具有的不同特点、网规存在的价值与效用、网络零售平台网规的具体内容、网络零售市场监管的内容与目标等。通过本章学习，应达到以下目的和要求：

（1）认识网规内涵与外延。

（2）学习并掌握网规的特征。

（3）学习并掌握网规产生的经济原因。

（4）学习并掌握网规与传统零售交易规则的区别与联系。

（5）学习并掌握网络零售平台网规的具体内容。

（6）学习并掌握网络零售市场监管的内容与目标。

本章主要概念

网络零售市场失灵　网络外部性　网规　网络零售市场监管　平台网规　网络零售市场监管目标　网络零售市场监管方式

互联网十余年的发展表明网络零售市场的发展与规则、法规的发展演变密不可分。其间有适应与调整，也有互动和摩擦。与此同时，来自网络经济内部规则的演变也在悄悄发生，从交易到支付、从网商到平台、从信用到消费者权益保护、从量变到质变，形成了一套不同于现有政策法规体系的内生和自治的规则。

第一节　网络零售交易规则

一、规则与监管概述

规则，是运行、运作规律所遵循的法则，一般是指由群众共同制定、公认或由代表人统一制定并通过的，群体里的所有成员一起遵守的条例和章程。规则具有普遍性，规则也指大自然的变化规律。它有三种形式：明规则、潜规则、元规则。监管是人类社会、经济和政治生活中一种普遍存在的现象，无论我们是否意识到，它都在现实生活中存在并发挥着作用。在汉语中，监一般有视、摄、督、察、审等含义，管一般有约束、干预、治理和惩戒等含义。在英文中，监督一词为“supervision”，“super”是“在上”，“visoin”是“看、观察”的意思，两者合起来就是上对下的观察、指导、控制。通常意义上，监管具有广义和狭义两重含义。狭义的监管指政府的内部治理，即政府自身运行中的治理；广义的监管除包括政府自身运行的治理之外，同时包括政府对社会公共事务的治理，即政府的对外职能。所以，在市场经济条件下，政府投资监管指政府对与投资有关的主体（包括政府本身）及其行为实行的监督和治理，主要目的是营造公平竞争的环境、保证市场机制正常发挥作用和最终实现社会资源的最优化配置。

从本质上说，政府市场监管与国家宏观调控都是政府为弥补市场本身固有的缺陷和局限而对市场进行的干预，两者互为联系、互相配合。国家宏观调控是一项庞大的系统工程，它包括两大部分职能：调节和监管。

二、网规的内涵

网络零售交易规则，简称网规，是指用于规范网上零售交易主体各方，按照“公开、公平、公正”和网络零售市场规范发展、竞争有序的原则，在国家法律规则和社会基本的道德规范的基础上，制定的规范性行为约束文件的总称。

网规内涵有广义和狭义之分。广义的网规是指“互联网商务活动相关的制度规范及商业文化”；狭义的网规是指“经由电子商务服务商与网商群体、消费者之间的互动，或是网商群体自发形成的交易规则”。这种分类和含义上的表述主要是从商务的角度进行的。在一个法治社会中，规则性质的事物最终要通过法律的视野、运用法律的思维和方法进行阐释，才能让网规的存在合理、合法，符合社会经济发展规律，从而得到更有力的支撑和最终的执行。

三、网规的特点

网规是网络零售市场治理规则体系的总称，它与“网商”“网货”共同构成新商业文明的三大支柱，以“开放、分享、透明、责任”为特质，以调整网商、网货、交易平台及外部环境之间的关系为主要内容，不断成形、进化、衍生、升级。目前还处于发展的初级阶段。

网规与现代治理理论、软法等现代治理思想形成一个完整的现代市场治理体系，与传统法律法规主要针对工业文明，以原子论、契约论为基础不同，网规是信息社会的基本规则，内生于网络企业，以比特和网络为基础，具有全球化、网络化、社区化、个性化、多中心等鲜明特点。

四、网规存在的价值与效用

事物存在的合理性基于其对自然和社会体系能够起到某种效用，就是有存在的价值与特定功能。网规的价值与效用体现在以下几个方面：

1. 网规是网络零售市场体系中的支撑性要素

在网络零售市场上，作为市场交易三要素（网商、网货、网规）之一的网规居于基础性的支撑地位，这种支撑相对于社会上既存的法律规范而言，没有国家法律法规的刚性，主要靠相互间的一致性协议或内在的利益驱动来保障实施，因此是一种软支撑。这种软支撑和法律法规的硬支撑一起组成了电子商务的基础，所有网络零售市场行为都处在这个基础的支持和规范之下，这样才使得纷繁复杂、丰富多样的电子商务活动变得秩序井然、充满向前发展的活力。

2. 网规催生新的商业和立法实践，弥补法律局限

法律具有滞后性和稳定性的特点，表现为新的社会实践总是要走在立法的前面，而且要达到一定程度和规模后才会进入立法者程序，这在电子商务领域表现得尤为突出。层出不穷的网络零售新商业模式和行为很难在法律上找到依据，网规的出现填补了相应的空白，新的实践得以继续开展并繁荣下去，直到其形成一定规模进而被立法所关注。如 2004 年我国出台的第一部真正意义上的电子商务法——《电子签名法》系统地规定了电子证据、电子签章的效力。今后会有越来越多的网规调整范围内的行为被纳入法律视野，如电子合同、电子签名、消费者保障计划、电子商务税收、网上纠纷仲裁等，进而网规会上升为国家法律法规。

3. 维护与倡导网络零售市场的核心价值观念

网络零售市场着重强调的诚信、开放、分享和社会责任等核心价值观，同网规具有密不可分的联系。一方面网规对这些核心价值观念起到维护和倡导的作用，另一方面这些价值观念有相当大的部分会直接外化，并表现为网规。如在网络零售市场上，最典型的就是电子商务平台的诚信度评价机制，其作为网规本身就是诚信理念在指导电子商务活动过程中形成的结晶。

第二节　网络零售平台网规

一、网络零售平台网规

网络零售平台网规是指网络零售平台制定的用于规范使用该平台的各方交易行为，保证交易合法合规进行的一系列成文性规定。它具有成文性、公开性、约束性、发展性的特点。

1. 成文性

一般是由网络零售交易平台在广泛征求各方意见的基础上，公布用于指导各方市场行为的成文性规范性文件。一般公布在该平台网站上。

2. 公开性

网络零售平台网规一旦公布后，向社会公众公开，网络零售市场交易各方通过网站、纸质文件、电子邮件等途径查询详细内容。

3. 约束性

社会由种种规则维持着秩序，不管这种规则是人为设定的还是客观存在的，只要是规则，便具有制约性，因为规则都具有绝对的或相对的约束力。人的行为是一种在一定的范围内才可以得到许可的行为，才是可行的行为，而不是一种完全的无拘无束的行为，这种许可包括自然界的许可、社会的许可、他人的许可，这就是规则的制约性的表现。在这种制约性中包含着个体切身的利害关系，因此规则的制约性是普遍存在的，也是不可消除的。

4. 发展性

规则不是一成不变的。历史上，有许多规则随着社会的发展相继废立；现实中，也有许许多多的规则随着生活的需要而不断完善。网络零售规则也随着时代的发展不断变化调整。

二、电子商务平台网规的具体内容

现以中国最大的电子商务公司阿里巴巴为例，该公司的部分网规如下：

第一章　概述

第一条　为促进开放、透明、分享、责任的新商业文明，保障阿里巴巴中国网站用户的合法权益，创建、维护和谐的网络商业环境，制订本规则。

第二条　本规则适用于使用阿里巴巴中国网站任何产品或服务（以下统称“服务”）的用户。

第三条　用户在适用规则上一律平等。

第四条　用户应遵守国家法律、行政法规、部门规章等规范性文件以及与阿里巴巴签署的协议、阿里巴巴中国网站服务条款、网站规则。

第五条　若本规则的规定同用户与阿里巴巴签署的协议的约定相冲突，则优先适用双方协议的约定。协议中未约定的，则适用本规则。本规则尚无规定的，阿里巴巴有权酌情处理，但阿里巴巴对用户的处理不能免除用户应尽的法律责任。

第六条　阿里巴巴有权视需要对本规则做修订，对本规则的修订在阿里巴巴中国网站上公告后生效。

第二章　定义

第七条　阿里巴巴：指阿里巴巴中国网站，所涉域名为：alibaba.com.cn；alibaba.cn；1688.com；china.alibaba.com。

第八条　用户指阿里巴巴各项服务的使用者。

第九条　会员指与阿里巴巴签订《阿里巴巴服务条款》并完成注册流程的用户。一个会员可以拥有多个账号，每个账号对应唯一的会员。

第十条　买家指在阿里巴巴上浏览或购买产品或发布询价单的用户。

第十一条　卖家指在阿里巴巴上发布产品信息或公司信息的会员。

第十二条　信用评价指阿里巴巴中国网站会员在成功完成支付宝担保交易后，

对每一笔交易，买卖双方均有权对对方交易的情况进行评价，即为信用评价。

第十三条　投诉方指发起投诉的符合相关法律规定的自然人、法人、其他经济组织。

第十四条　被投诉方指投诉方所投诉的阿里巴巴中国网站用户。

第十五条　反通知指被投诉方接到投诉方的投诉通知后向阿里巴巴提交的通知及相关证明材料。

第十六条　旺铺，也称专用网址，是卖家在阿里巴巴中国网站从事经营活动的场所之一。

第十七条　旺铺域名指用户可以通过点击旺铺域名链接或者直接输入旺铺域名进入对应的旺铺，阿里巴巴旺铺域名都以“*.cn. alibaba.com”形式展示。

第十八条　处罚指用户因自身违规行为而被处理。具体种类包括警告、下架、删除、降权、账号限权、账号关闭等。

警告指阿里巴巴通过电话、邮件等形式提醒、告诫用户其行为已经构成了违规，应当及时予以改正，如仍进行或不停止违规行为，将给予更为严厉的处理。

下架指阿里巴巴针对违规信息将进行信息下架，信息下架后用户仍可进行修改，修改正确后，信息方可正常发布。

删除指阿里巴巴针对违规信息做删除的处理，信息删除后用户不可修改。

降权指用户发布的商品信息排序被置后。

账号限权指阿里巴巴暂停用户包括但不限于以下权限：暂停旺铺的访问权限、对已发布的所有信息执行下架处理（如有）、暂停供求信息的操作权限等。被限权用户在限权期限内服务费用（包括但不限于诚信通服务费、黄金展位费用等，如有）照常计算，服务期限不予延长。

账号关闭指阿里巴巴终止向用户提供任何服务，并不予退返服务费（如有）。

第三章　用户行为规则

第一节　注册账号

第十九条　用户在阿里巴巴注册账号时需同意并遵守《阿里巴巴服务条款》。

用户会员名（ID，也称会员账号或账号）、旺铺或旺铺域名中不得包含违反国家法律法规、涉嫌侵犯他人权利或干扰阿里巴巴正常运营秩序等的相关信息。

同一个会员名只能注册一个账号，并且验证该账号有效的手机号或邮箱未用于其他账号的验证。

第二十条　禁止会员账号未经阿里巴巴审核同意随意转让他人或其他企业使用；随意转让会员账号的将被关闭，且转让方还须承担该账号下所有行为的法律责任。

第二十一条　阿里巴巴有权关闭未通过身份认证或虽通过身份认证但连续超过一年未登录的会员账号。

阿里巴巴有权关闭涉嫌欺诈等重度违规行为的会员账号，并有权删除该账号下所有相关信息。

会员可通过阿里巴巴中国网站客服主动申请关闭其账号。

第二节 经营信息发布/管理

第二十二条 用户在阿里巴巴中国网站发布信息应遵循合法、真实、准确、有效、完整的基本原则，并应遵循《信息发布规则》，对自己发布的信息独立承担全部责任；不得包含违反国家法律法规、涉嫌侵犯他人合法权益或干扰阿里巴巴中国网站运营秩序等相关内容。

第二十三条 当交易双方选择并确认支付宝中介服务后，应遵循《支付宝交易通用规则》。

第二十四条 买家自付款之时起即可申请退款。自买家申请退款之时起7天内卖家未点击发货的，阿里巴巴将通知支付宝退款给买家。

第二十五条 买家申请退款后，依以下情况分别处理：

（一）卖家拒绝退款申请后，买家有权修改退款申请、申请客服介入或确认收货。卖家拒绝退款申请后的15天内，如买家未做任何操作，退款申请将被关闭，交易正常进行。

（二）买家申请“不需要退货”退款，卖家同意退款申请或在7天内未操作的，阿里巴巴将通知支付宝退款给买家。

（三）买家申请“需要退货”退款，卖家同意退款申请或7天内未操作的，按以下情形处理：买家未在15天内点击退货，退款申请关闭，交易正常进行；买家在15天内点击退货，卖家确认收货，将通知支付宝退款给买家；买家在15天内点击退货，卖家在买家点击退货后的15天内未确认收货且未做任何操作，将通知支付宝退款给买家。

以上退款规则仅适用于阿里巴巴平台上的一般支付宝担保交易。

第二十六条 买卖双方就交易在履行过程中产生争议，如双方无法协商或协商不能达成一致的，一方或双方可申请提交阿里巴巴进行斡旋处理，阿里巴巴有权遵循《交易争议处理规则》决定受理或不受理相关争议，并对相关事实进行认定及对用户的违规行为进行处罚。

第二十七条 买卖双方有权基于真实的交易在支付宝交易成功后30天内进行相互评价，评价方需对交易结果做出真实、客观的评价。

第二十八条 在信用评价中，30天内双方均未评价，则双方信用积分不变；评价人若给予四星及以上评价，则被评价人信用积分增加；若给予三星评价，则被评价人信用积分不变；若给予三星以下评价，则被评价人信用积分减少；如评价人给予四星及以上评价而对方未在30天内给其评价，则评价人信用积分增加；如评价人给予三星及以下评价而对方未在30天内给其评价，则评价人信用积分不变。具体的加减分分数，将遵循《信用评价体系规则》，根据不同的交易金额区间计算得出。

第四章　违规行为及处理

第一节　违规行为定义

第二十九条　违规行为是指用户违反阿里巴巴的网站规则或其与阿里巴巴签订的任何合同的行为。

第二节　违规行为

第三十条　违禁信息发布指用户发布国家法律法规或阿里巴巴中国网站禁止或限制的商品信息行为。用户发布的商品信息一经认定属于禁止、限制销售商品信息，阿里巴巴将按照《违禁信息发布处理规则》处理，立即删除该商品信息，同时根据情节轻重对用户予以警告、账号限权直至账号关闭等处罚。

第三十一条　违规信息发布指用户在阿里巴巴中国网站涉嫌以下几种违规信息发布行为：重复信息违规、使用恶意外部软件违规、产品标题违规、产品属性不实、产品归类错误、商品信息描述不实、无货空挂、虚假价格违规、询价单违规等。用户发布的商品信息一经认定属于违规信息，阿里巴巴将按照《违规信息发布处理规则》，根据情节严重对用户予以产品信息下架、信息删除、账号限权等处罚。

第三十二条　知识产权侵权指用户在阿里巴巴中国网站发布的信息侵犯他人知识产权等权利。用户发布的信息一旦收到相关侵权投诉，应及时提交反通知及证明材料，说明产品合法性，用户应保证提供的反通知资料真实、合法、有效，若未及时提交反通知，或提交的反通知不成立，阿里巴巴将按照《知识产权侵权处理规则》，根据情节轻重对用户予以信息删除、账号限权直至账号关闭等处罚。

第三十三条　不实交易方式指用户在阿里巴巴中国网站发布的商品信息中明确支持支付宝担保交易，但在买家与其交易的具体过程中，却以种种理由拒绝采取支付宝担保方式进行交易。用户发布的商品信息一经认定属于不实交易方式信息，立即删除该商品信息，同时将按照《不实交易方式处理规则》，根据行为次数对用户予以警告、账号限权直至账号关闭等处罚。

第三十四条　虚假交易是指用户在阿里巴巴中国网站以不正当提升排序为目的，提供虚构、伪造的交易凭证或在线生成虚假交易数据的行为。一旦用户有虚假交易的行为，阿里巴巴将按照《虚假交易处理规则》，删除或关闭虚假交易的内容，并根据情节轻重对用户予以警告、账号限权直至账号关闭等处罚。

第三十五条　恶意评价是指评价方以敲诈勒索或其他不当利益为目的，有意在违背客观事实的情况下给予对方三星及以下的评价行为。被评价方收到恶意评价后可提交给阿里巴巴进行处理，阿里巴巴将按照《恶意评价处理规则》删除评价及调整相应的评价积分，并根据情节严重对用户予以账号限权直至账号关闭等处罚。

第三节　违规行为处理的执行

第三十六条　用户有违规行为的，阿里巴巴有权按照违规各处理规则对用户予以违规扣分及处罚；同时每个自然月阿里巴巴将按照《交易争议综合考评规则》对卖家进行综合累计考评，并视考评结果对达到考评处罚标准的用户予以相应处罚。

第三十七条　用户违规扣分将在该次扣分之日起一年后做对应清除处理（如

2011 年 12 月 31 日发生违规扣分，该笔扣分将在 2012 年 12 月 30 日 24 时清除)，但因扣分达到 60 分或以上致使账号关闭的除外。

第四节　违规行为处理的申诉

第三十八条　因发布限制产品信息行为对阿里巴巴处理有异议的，被投诉人可依据以下流程进行申诉：

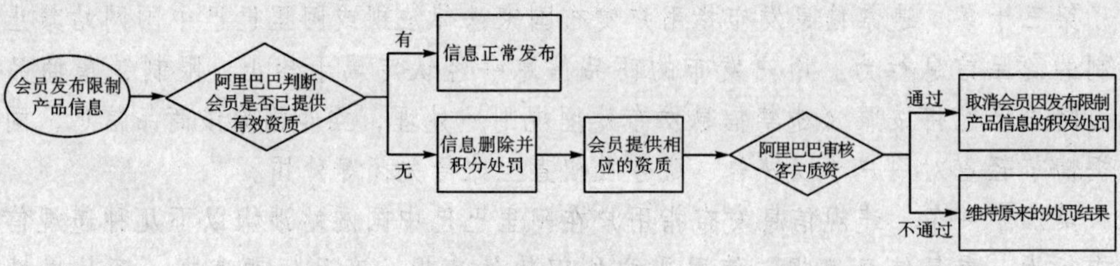

第三十九条　对知识产权侵权类的违规行为处理的申诉，被投诉人须在被投诉之日起 3 个工作日内提交相关证明。虚假交易的申诉，被投诉人须在被投诉之日起 5 个工作日内提交相关证明。逾期未提交证据或提交证据不充分的，阿里巴巴有权根据当时所掌握的情况进行判断与处理。

第三节　网络零售监管

一、网络零售市场监管的经济导因分析

(一) 市场失灵

市场失灵构成了规制经济学的前提。没有市场失灵，就没有政府规制的必要。市场失灵是相对于经济学中的“市场成功”而言的。根据古典经济学理论，在严格的市场完全竞争假设条件下，市场这只“看不见的手”能够使资源配置效率最大化，同时社会福利达到最大化，即达到所谓的“帕累托最优状态”。市场成功的最初描述是 1776 年的亚当·斯密关于“一只看不见的手”的市场机制提出的。20 世纪 50 年代，阿罗（K. Arrow）和德布勒（G. Dereu）用严格的数学方法证明了完全竞争市场的高效率。该理论有一个基本假定：市场均衡与帕累托最优。但在市场经济比较成熟的西方国家，大企业的垄断和过度的市场同时并存，使社会资源的配置失去了效率，社会消费的公正原则也遭到破坏，即微观经济学中通常所说“市场失灵”（Market Failures）。

市场失灵主要表现在公共产品（Public Goods）、外部性（Externality）、市场势力（Market Power）（包括人为垄断和自然垄断）和信息不对称（Information Asymmetry）等方面。

1. 公共产品

社会生产的产品大致可以分为两类：一类是私人物品，一类是公共物品。简单地讲，私人物品是指只能供个人享用的物品，例如食品、住宅、服装等。而公共物品是指可供社会成员共同享用的物品。严格意义上的公共物品具有非竞争性和非排他性。

非竞争性是指一个人对公共物品的享用并不影响另一个人的享用；非排他性是指对公共物品的享用无须付费。例如：国防就是公共物品，它带给人民安全，公民甲享用国家安全时一点都不会影响公民乙对国家安全的享用，并且人们也无须花钱就能享用这种安全。

2. 外部性

外部性是指个人和厂商的一种行为直接影响到他人，却没有给予支付或得到补偿。市场经济活动是以互惠的交易为基础，因此市场中人们的利益关系实质上是同金钱有联系的利益关系。例如，甲为乙提供了物品或服务，甲就有权向乙索取补偿。当人们从事这种需要支付或获取金钱的经济活动时，还可能对其他人产生一些其他的影响，这些影响对于他人可能是有益的，也可能是有害的。然而，无论有益还是有害，都不属于交易关系。这些处于交易关系之外的对他人的影响被称为外部影响，也被称为经济活动的外部性。例如，建在河边的工厂排出的废水污染了河流，对他人造成损害。工厂排废水是为了生产产品赚钱，工厂同购买它的产品的顾客之间的关系是金钱交换关系，但工厂由此造成的对他人的损害却可能无须向他人支付任何赔偿费。这种影响就是工厂生产的外部影响。当这种影响对他人有害时，就称之为外部不经济。当这种影响对他人有益时就称之为外部经济。比如你摆在阳台上的鲜花可能给路过这里的人带来外部经济。

3. 垄断

对市场某种程度的（如寡头）和完全的垄断可能使得资源的配置缺乏效率，对这种情况的纠正需要依靠政府的力量。政府主要通过对市场结构和企业组织结构的干预来提高企业的经济效率。反垄断（Antimonopoly 或 Antitrust）对于维持市场经济的正常运行至关重要，甚至说反垄断法（竞争政策的主要内容）是市场经济条件下的“经济宪法”也为不为过。但要注意，反垄断法反对的是人为的市场垄断，如滥用市场势力、不当的企业购并、严重影响竞争的串谋行为等，而对自然垄断则通常予以豁免。这方面的干预属于政府的产业结构政策。

4. 信息不对称

由于经济活动的参与人具有的信息是不同的，一些人可以利用信息优势进行欺诈，这会损害正当的交易。当人们对欺诈的担心严重影响交易活动时，市场的正常作用就会丧失，市场配置资源的功能也就失灵了。此时市场一般不能完全自行解决问题，为了保证市场的正常运转，政府需要制定一些法规来约束和制止欺诈行为。

（二）规制失灵（Regulation Failure）

与市场失灵对应，政府规制时也可能出现规制失灵。导致规制失灵的主要因素有规制者任职期限、自身利益、有限理性、有限信息等，甚至出现“规制俘虏”，即规制者被被规制者“收买”。按常理说，如果市场失灵与规制失灵并存，应该“两害相权取其轻”，但现实中情况往往并不如此。因为政府规制是主观的、人为的，比如一项规章尽管已经不合时宜，但通常不会自动退出或解除，很可能还有受到既得利益者的阻碍。这是市场失灵与规制失灵的重大区别。或者说，有些情况下，政府规制的综合效果可能反倒不如默认市场运行的自然结果。

二、网络零售市场监管的基本范畴

网络零售市场监管是指在既定的约束条件下，为达到网络零售市场的某种预期目标，而做出的监管法规、监管组织机构、监管内容、监管方式等方面的制度安排。网络零售市场监管有广义和狭义之分。广义的网络零售市场监管包括三个层次：政府监管、行业自律和企业内控。狭义的网络零售市场监管仅指政府的监管，包括专业的政府网络零售监管机构、相关的金融监管部门和司法部门等拥有公共权力的政府部门对网络零售业的监督管理。

由于网络零售业的发展状况、社会背景、金融体制、法律体制等方面的不同，各国对网络零售市场的监管内容有很大的不同，监管的层次和深度也不相同。

三、网络零售市场监管内容

网络零售市场监管的内容主要有网络零售市场主体（包括网商、网络零售交易平台服务提供商、网购者、第三方支付服务提供商、第三方物流服务提供商）监管、网络零售市场准入与退出（包括网络零售交易平台服务提供商和第三方支付服务提供商）监管、网络零售平台提供商内部控制监管、第三方支付服务提供商资产负债监管、网络零售交易行为监管等。

四、网络零售市场监管目标

1. 网络零售市场监管的意义

国家对网络零售市场进行监管有着重要的意义：

（1）国家对网络零售业进行监管，是有效地保护与网络零售活动相关的行业和公众利益的需要。网络零售市场既是联结供需双方商品流通的重要渠道，也是支付金融的重要组成，网络零售市场的健康、稳定发展对社会经济的正常、稳定运行具有很大的作用。网络零售交易平台服务提供商或第三方支付服务提供商经营亏损或倒闭不仅会直接损害其自身的利益，还会严重损害广大网商和网购者的利益，危害相关产业的发展，从而影响到社会经济的稳定和人民生活的安定。所以，网络零售业具有极强的公众性和社会性。

（2）国家对网络零售市场进行严格的监管也是培育、发展和规范网络零售市场的需要。由卖方、买方和中介人（网络零售平台服务提供商、第三方支付服务提供商、第三方物流服务提供商）三大主体构成的网络零售市场，伴随网络的出现而出现，并随着网络经济的发展而发展，有一个产生、发育、走向成熟的过程。国家对网络零售业的严格监管有利于依法规范网络零售活动，创造和维护平等的竞争环境，防止盲目竞争和破坏性竞争，以利于网络零售市场的发育、成熟。

（3）国家对网络零售市场进行严格监管也是由网络零售业的技术性与专业性特点所决定的。形成网络零售市场的要件之一是必须集合为数众多的卖方网商和买方网购者，并在网络零售交易平台进行商品交易，以此形成网络零售市场。所以，参加网络零售的人数众多、覆盖面大、涉及面广，而网络零售平台和第三方支付经营具有很强的专业性和技术性，需要专门知识，作为一般的网购者往往缺乏这方面的知识。

2. 网络零售市场监管目标

（1）维护网络零售市场主体的合法权益

由于网购者对网商、网络零售交易平台提供商、第三方支付服务提供商、第三方物流服务提供商以及网络零售商品的认知程度是很有限的，现实与可行的办法就是通过法律和规则，对供给者的行为进行必要的制约，加上一些强制的信息披露要求，让网购者尽量知情。同时也鼓励需求者自觉掌握尽量多的信息和专业知识，增强判断能力，并且应当对自己的选择和判断承担相应的风险。

（2）维护公平竞争的市场秩序

维护公平竞争的网络零售市场秩序的目标可以理解为第一目标的延伸。同时，监管者也要明白，自己的使命是维护网络零售市场公平竞争的秩序，而不是为了“秩序井然”而人为地限制、压制竞争。

（3）维护网络零售市场体系的整体安全与稳定

维护网络零售市场体系的整体安全与稳定是维护网络零售市场主体合法权益、维护公平竞争的市场秩序的客观要求和自然延伸。这里有两点需要注意：一是维护网络零售市场体系的整体安全稳定是前两个目标的自然延伸，而不是单一的和唯一的目标。二是维护网络零售市场体系的整体安全稳定，并不排除某些网络零售交易平台服务提供商和第三方支付服务提供商因经营失败而自动或被强制退出市场。监管者不应当、也不可能为所有网络零售市场主体提供“保险”。监管者所追求的是网络零售市场的整体稳定，而不是个体的“有生无死”。

（4）促进网络零售市场健康发展

一是要坚持全面协调可持续的发展。二是要坚持市场取向的发展。三是要坚持有秩序并充满活力的发展。四是要坚持有广度和深度的发展。

五、网络零售市场监管机构

1. 立法在网络零售市场监管中的角色

立法机构是网络零售市场监管机制中的第一个层次。立法机构要通过颁布法律，建立网络零售市场监管的法律基础和法律体系，明确执行网络零售市场法律的监管机构及其法定的职责范围。一般来说，监管事项主要包括网络零售交易平台服务提供商和第三方支付服务提供商设立和执照许可；第三方支付服务提供商的财务报告、财务审查以及其他财务要求；网商的信息披露；对不公平交易行为的制裁；第三方支付服务提供商的整顿和清算；等等。

2. 司法在网络零售市场监管中的角色

司法机构是网络零售市场监管机制中的第二个层次。法院在网络零售市场监管活动中扮演着重要角色：一是解决买卖双方和中介人之间的争议；二是通过颁布支持网络零售市场监管机构的命令和判定违反网络零售市场法律行为的民事或刑事责任，保证网络零售法律的实施；三是处理卖方和中介人的有关申诉。

3. 行政机构在网络零售市场监管中的角色

行政机构是网络零售市场监管机制中的第三个层次。网络零售市场监管的具体职责由国家行政机构来履行。经立法机构授权执行网络零售法律的机构一般都享有广泛的行政权、准立法权和准司法权。

六、网络零售市场监管的措施

消费是社会再生产的重要环节，也是提高人民生活水平的重要内容。商贸流通领域的平稳健康发展关乎一国经济社会稳定发展的大局。由于网络零售市场是近几年才出现的新生事物，现实走在了理论了前面，也走在了监管的前面，处于“先发展、后规范”的阶段。仅靠网络零售市场的中的“运动员”是不行的，还必须有“裁判员”的存在，有一套较成熟完善的判决规则，而且“裁判员”本身也应受到约束。

1. 制定网络零售行业标准

当今世界，标准化水平已成为各地区核心竞争力的基本要素。一个企业，乃至一个国家，要在激烈的国际竞争中立于不败之地，必须深刻认识标准对国民经济与社会发展的重要意义。标准的本质是统一，它是对重复性事物和概念的统一规定；标准的任务是规范，它的调整对象是各种各样的经济客体。众所周知，经济包含主体和客体。主体是人，包括从事交易活动的所有组织和个人，他们的行为靠法律来规范和约束；客体是物，包括用来交换的成千上万种产品与服务，它们则依靠标准来规范。从这个意义上来说，标准具有鲜明的法律属性。它和法律法规一起，好比车之二轮，鸟之两翼，共同保障着经济有效、正常运行。根据标准的约束力，我国把标准分为强制性标准和推荐性标准两大类。就强制性标准而言，它以国家强制力保障实施，本身就是一种技术法规；而后者一经接受并采用，或各方商定同意纳入经济合同中，就成为各方必须共同遵守的技术依据，也具有法律上的约束性。所以，制定网络零售行业标准是引导、促进、规范网络零售行业健康发展的一项基础性工作。

2. 防范网络零售行业垄断，维护竞争活力

垄断是市场经济健康运行的大敌，世界各国均将反垄断作为维护经济健康运行的重要工作。政府之所以采取反垄断措施，主要是为了保护市场竞争，因为竞争对经济增长和维护消费者利益都是有利的。但是竞争过程往往会引起市场结构的改变，容易导致个别垄断集团对市场的统治，直到新的竞争者打破这种市场格局。反垄断法规的主要作用就在于减少操纵价格、限制产量、恶意兼并或垂直一体化等反竞争行为给市场造成的不利影响，保护市场的正常运行。在反垄断法规的实际应用中，是否拥有市场力量往往是判定企业垄断行为的关键。但并不是说，企业一旦具有垄断力量就要对其施以反垄断措施的制裁。政府在处理垄断时应该要搞清楚垄断产生的具体原因是什么，是垄断企业运用了反竞争手段，还是凭借其自身的产品优势。因为有一些自然垄断企业，它所处的行业或者自身的产品由于固有的特点会导致形成单一的企业和竞争局面，在这样的市场中，取缔垄断、促进竞争并不利于市场效率。换句话说，反垄断政策既不会使价格降低，也不会使产品产量增加。这时，对垄断企业或垄断行为的控制只能是在市场的范围内进行合理的管制。衡量一种竞争行为是否为垄断，关键就是

要看这种竞争行为对消费者的福利水平会产生什么样的影响。如果一种市场竞争行为没有减少消费者的福利，甚至还有利于消费者福利的增加，那么就没有充足的理由去制止这种竞争行为。对于比较复杂的市场垄断，要依据一定的市场规范予以划分，然后针对具体的垄断问题采取措施，否则就会以偏概全，从而妨碍市场经济的正常运行。网络零售市场的出现，它的垄断也随之出现，但相较传统经济模式，它具有新的特点和表现形式，因此，在网络零售行业中要反垄断，维护网络零售市场竞争活力，这就为传统垄断理论和政府反垄断提出了新的课题与挑战。

3. 加强行业管理，提高规避风险能力

风险有两种定义：一种定义强调了风险表现为不确定性；而另一种定义则强调风险表现为损失的不确定性。风险管理是指如何在一个肯定有风险的环境里把风险降至最低的管理过程。其中包括了对风险的量度、评估和应变策略。理想的风险管理，是一连串排好优先次序的过程，使当中的可以引致最大损失及最可能发生的事情优先处理，而相对风险较低的事情则押后处理。网络零售市场的发展作为一个新生事物，会产生一些过去我们从未遇到过，也无法预测的风险，但是，我们要做好防范风险的准备，将风险可能带来的损失降到最低。

4. 提高网络零售产业链人员素质，切实规范中介行为

规范发展网络零售市场应以从业人员执业技术为基础，以职业道德为支撑。由于网络零售产业链长，涉及范围广，执业人员需熟练掌握《宪法》《合同法》《商标法》等法律知识以及国家产业政策等各类动态知识，从业的要求较高。行业协会、政府部门应定期或不定期地开展对执业人员的培训和学习活动，加强对网络工程师、物流师等的后续教育，同时注重执业人员的思想道德教育，进一步提高执业人员的业务素质和道德水平，切实规范中介行为，规避业务风险、道德风险和诚信风险。

5. 加快网络零售立法，提供依法监管依据

我国网络购物立法基本处于空白状态。由于目前很多法律法规并不完善，监管部门没有更好的办法从源头上对网商、网店进行监管，因此，在实际购物消费中常常会产生各种各样的矛盾。要引导网店健康发展和有序发展，必须从源头上进行制度建设，即从体制和体系上进行管理。

目前，我国学者对于启动网络零售立法的时机有两种不同的意见：一种以参与国家商务部《网上交易管理办法》制定的广盛律师事务所律师刘春泉为代表，他指出，从国家立法规律上来看，某个领域的立法往往在行业发展成熟，社会矛盾充分暴露时才会启动。而电子商务还是一个新生的产业，网上交易涉及交易本身、征税等细节，立法过早并不利于行业发展。另一种以浙江省政协委员、浙江大学城市学院刘伟文教授为代表，她认为要规范网络购物秩序，必须尽快启动网络购物立法工作。

《网络商品交易及有关服务行为管理暂行办法》已于 2010 年 7 月 1 号起在我国实施，这对于规范网络零售市场具有重大的意义。以后还会有更多的涉及网络零售的法律法规与管理办法出台。

思考题

1. 网规的内涵与外延是什么？
2. 网规的特征是什么？
3. 网规产生的经济原因是什么？
4. 网规与传统零售交易规则的区别与联系是什么？
5. 网络零售平台网规的具体内容有哪些？
6. 网络零售市场监管的内容与目标是什么？

第九章　网络零售主要工具软件

学习目的和要求

本章主要阐述网络零售主要工具软件及其应用，包括网络零售平台建站工具软件、图像处理工具软件与应用、IM 工具软件与应用、CRM 工具软件与应用、APP 开发工具软件与应用等。通过本章学习，应达到以下目的和要求：

（1）认识网络零售与传统零售在技术含量上的区别。

（2）学习并掌握网络零售交易涉及的主要工具软件及其应用。

本章主要概念

网站建站工具　图像处理工具　IM 工具　CRM 工具　APP 开发工具

第一节　网络零售平台建站工具软件

一、网站开发技术

电子商务网站的开发技术所涉及的领域极为广泛，包括网页设计技术、后台管理技术、数据库支持技术、搜索引擎技术、网页加速技术、应用服务器管理技术、网络安全和管理技术、电子支付安全技术、APP 技术等。

二、常用的网络零售平台开发工具

ASP（Active Server Pages）、JSP（Java Server Pages）、PHP（Hypertext Preprocessor）是三种最常用的网站开发工具。

1. ASP

ASP 全名 Active Server Pages，是一个 WEB 服务器端的开发环境，利用它可以产生和执行动态的、互动的、高性能的 WEB 服务应用程序。ASP 采用脚本语言 VBScript（Java script）作为自己的开发语言。

2. JSP

JSP 是 Sun 公司推出的新一代网站开发语言。Sun 公司在 Java 上有不凡的造诣，在 Java 应用程序和 Java Applet 之外，又有新的硕果，那就是 JSP，即 Java Server Pages。JSP 可以在 Serverlet 和 JavaBean 的支持下，完成功能强大的站点程序。

3. PHP

PHP 是一种跨平台的服务器端的嵌入式脚本语言。它大量地借用 C、Java 和 Perl 语言的语法，并耦合 PHP 自己的特性，使 WEB 开发者能够快速地写出动态页面。

它支持目前绝大多数数据库。还有一点，PHP 是完全免费的，用户可以从 PHP 官方站点（http：//www.php.net）自由下载。用户也可以不受限制地获得源码，甚至可以从中加入用户自己需要的特色。

三者都提供在 HTML 代码中混合某种程序代码、由语言引擎解释执行程序代码的能力。但 JSP 代码被编译成 Servlet 并由 Java 虚拟机解释执行。这种编译操作仅在对 JSP 页面的第一次请求时发生。在 ASP 、PHP、JSP 环境下，HTML 代码主要负责描述信息的显示样式，而程序代码则用来描述处理逻辑。普通的 HTML 页面只依赖于 Web 服务器，而 ASP 、PHP、JSP 页面需要附加的语言引擎分析和执行程序代码。程序代码的执行结果被重新嵌入到 HTML 代码中，然后一起发送给浏览器。ASP 、PHP、JSP 三者都是面向 Web 服务器的技术，客户端浏览器不需要任何附加的软件支持。

第二节　图像处理工具软件与应用

网页视觉设计，是网络零售中的重要一环，它将商品的卖点、商品企划的信息、品牌信息，通过视觉系统传达给客户，从而增加点击率、提高转化率，起着与消费者沟通，刺激消费者的购买冲动的作用，具有重要意义。

一、图像处理工具软件概述

图像处理软件是用于处理图像信息的各种应用软件的总称，专业的图像处理软件有 Adobe 的 Photoshop 系列；基于应用的软件有 Picasa 等。国内很实用的有大众型软件彩影，非主流软件有美图秀秀，动态图片处理软件有 Ulead GIF Animator、Gif Movie Gear 等。

二、图像处理工具软件

1. Photoshop CS6

Adobe CS6 系列中最新版的 Photoshop CS6 Extended 使用了全新的 Adobe Mercury 图形引擎，拥有前所未有的性能和响应速度，能加快编辑速度。新增的“内容识别”工具能够快捷地润色、修补图像，制作出神奇的修补效果。全新和改良的设计工具，能更快地创作出更高级的设计和影片。Photoshop CS6 还支持视频创建，具有强大的编辑视频素材功能。使用熟悉的各种 Photoshop 工具能轻松地进行视频剪辑，然后再使用一套直观的视频工具制作影片。

2. 光影魔术手

光影魔术手是一款照片画质改善和个性化处理软件。简单、易用，每个人都能制作出精美相框、艺术照、专业胶片的效果，而且完全免费。光影魔术手的每个功能的交互都经过了优化，特别是添加文字、添加水印、基本调整、裁剪等，简单易用。它具有更好的操作系统兼容性，除了兼容 XP 和 Vista 系统外，还兼容 Win7 和 Win8 系统，完全兼容各类 64 位操作系统。

3. 图像文件批量压缩（Image Optimizer）

Image Optimizer 图片压缩 V5.0 绿色版可以将 JPG、GIF、PNG、BMP、TIF 等图形影像文件利用 Image Optimizer 独特的 MagiCompress 压缩技术最佳化。可以在不影响图形影像品质状况下将图形影像“减肥”，最高可减少 50% 以上图形影像文件大小，让用户腾出更多网页空间和减少网页下载时间，也可利用内建的批次精灵功能（Batch Wizard）一次将大量的影像文件最佳化。

4. 去除图片水印的小工具 Inpaint

Inpaint 是一款图像处理器，它能去除图片上不必要的物体。

5. Mac 图像编辑软件（PhotoLine）

PhotoLine for Mac 是一款功能强大的 Mac 图像编辑软件，软件可以像 ACDSee 一样快速浏览目录下的所有图片。支持 Layer，并且内建许多现成的滤镜和特效功能，能轻松做出令人惊讶的影像效果。

6. 图片文字生成器

该软件需要在 Net 环境下运行，须安装。文字图片生成器（灰兔系列）的主要更新是在图片生成的时候，去除了文字锯齿的干扰，并在保存的时候设置了较高的质量值，使图片的清晰度更高。

第三节　IM 工具软件与应用

一、IM 概述

即时通信（IM，即 Instant Messaging）是指能够即时发送和接收互联网消息等的业务。即时通信已不是一个单纯的聊天工具，它已经发展成集交流、资讯、娱乐、搜索、电子商务、办公协作和企业客户服务等为一体的综合化信息平台。随着移动互联网的发展，互联网即时通信正在向移动化方向发展。

二、IM 系统

IM 系统目前有两种架构形式：

一是 C/S 架构，采用客户端/服务器形式，用户使用过程中需要下载并安装客户端软件，典型的代表有 QQ、百度 HI 、Skype 、Gtalk、新浪 UC、MSN 等。

二是 B/S 架构，即浏览器/服务端形式，直接借助互联网媒介、客户端无须安装任何软件，既可以在服务器端进行沟通对话，一般运用在电子商务网站的服务商，典型的代表有 Websitelive 、53KF、Live800 等。

三、IM 开发技术

1. 音频技术

AAC 于 1997 年形成国际标准 ISO 13818-7。之后更先进的音频编码 AAC 开发成功，成为继 MPEG-2 音频标准（ISO/IEC13818-3）之后的新一代音频压缩标准。类型是 Audio。制定者是 MPEG。所需频宽为 96~128 kbps。优点是支持多种音频声道组合，提供优质的音质。应用领域是 Voip。特性包括 AAC 可以支持 1 到 48 路之间任意数目的音频声道组合，包括 15 路低频效果声道、配音/多语音声道，以及 15 路数据。它可同时传送 16 套节目，每套节目的音频及数据结构可任意规定。

AAC 主要应用在因特网网络传播、数字音频广播，包括卫星直播、数字 AM 以及数字电视及影院系统等方面。AAC 使用了一种非常灵活的熵编码核心去传输编码频谱数据。它具有 48 个主要音频通道、16 个低频增强通道、16 个集成数据流，16 个配音、16 种编排。因此，AAC 是最好的即时通信音频编码标准之一。

2. 视频技术

H. 264 是目前最先进的视频技术，它最大的优势是具有很高的数据压缩比率，在同等图像质量的条件下，H. 264 的压缩比是 MPEG-2 的 2 倍以上，是 MPEG-4 的 1. 5~2 倍。H. 264 具有许多与旧标准不同的新功能，它们一起实现了编码效率的提高。特别是在帧内预测与编码、帧间预测与编码、可变矢量块大小、四分之一像素运动估计、多参考帧预测、自适应环路去块滤波器、整数变换、量化与变换系数扫描、熵编码、加权预测等实现上。

3. 网络技术

P2P（点对点技术）能实现即时通信的点对点，或者一对多通讯。针对可不经过服务器中转的音视频应用，采用 P2P 通信技术，能穿越防火墙。使用 P2P 通信技术，可大大减轻系统服务器的负荷，成几何倍数扩大系统容量，且不会因在线用户数太多而导致服务器的网络阻塞。支持 UPNP 协议，自动搜索网络中的 UPNP 设备，主动打开端口映射，提高 P2P 通信效率。

4. API 接口技术

即时通信开发必须采用动态缓冲技术来适应不同网络环境（局域网、企业专网、互联网、3G 网络），根据不同的网络状态动态调节相关参数，使即时通信平台在多种网络环境下均有良好的表现，并特别针对互联网、3G 网络等应用场合进行优化，为上层应用提供视频质量的动态调节接口、音频质量的动态调节接口。

5. 保密技术

通用的即时通信工具的保密技术有：

（1）自定义服务器端口。服务器所使用的 TCP、UDP 服务端口均可自定义（在服务器的 .ini 文件中配置），实现服务的隐藏。

（2）加密传输服务器与客户端之间的底层通信协议。

（3）服务器设置连接认证密码。

（4）服务器内部设置安全检测机制，一旦检测到当前连接的客户端有非法操作嫌疑（如内部通信协议没有按既定的步骤进行）时，主动断开该客户端的连接，并记录该连接的 IP 地址，在一段时间内不允许重新连接。

第四节　CRM 工具软件与应用

一、CRM 概述

CRM 是英文 Customer Relationship Management 的简写，一般译作“客户关系管理”。CRM 最早产生于美国，由 Gartner Group 首先提出。20 世纪 90 年代，互联网和电子商务得到了迅速发展。CRM 系统是一种 Web 应用软件，公司企业可以用来组织管理关于其客户和线索的信息。但 CRM 又不仅仅是联系人名单列表，它含有客户的详细信息以及以往与企业的交易记录，另外还有那些客户在销售过程中的位置或状态方面的信息。许多 CRM 系统可以连接财务和会计系统，帮助企业跟踪收益和成本。它们还能提供分析技术，让公司能够更准确地预测顾客的未来要求。

二、CRM 系统构成

CRM 管理系统由客户信息管理、销售过程自动化（SFA）、营销自动化（ MA ）、客户服务与支持（ CSS ）管理、客户分析（ CA ）系统 、进销存系统 6 大主要功能模块组成。

三、CRM 系统开发技术

使用开源 CRM 系统只需要 Web 服务器、数据库和浏览器。

1. SugarCRM

SugarCRM 是普遍使用的开源 CRM 系统，是包括 SuiteCRM 和 Vtiger 在内的另外几款 CRM 的基础。SugarCRM 可以履行企业客户、线索和合同管理、报表和分析、移动支持等几乎每一项业务职能，以及一整套营销工具。SugarCRM 有两个版本：主机托管版和社区版。主机托管版是付费版本，它含有三个程序包。用户可以下载社区版，将它安装在自己的服务器上。

2. Vtiger

Vtiger 是基于 SugarCRM 的一款软件，它拥有 SugarCRM 的所有核心功能，在默认情况下没有协作、任务管理和第三方集成方面的一些功能特性。

3. CiviCRM

CiviCRM 主要针对非营利机构，可与 Drupal、Joomla 或 WordPress 协同运行，能实现与现有的网站或内容管理系统的无缝对接。

4. Fat Free CRM

Fat Free CRM 是一款既简约又实用的系统。在默认情况下，它集小组合作、营销活动和线索管理、联系人名单和机会跟踪等功能于一体，界面简单易用。面向 Fat Free CRM 有许多插件，开发人员使用 Ruby on Rails 编程语言可编写自有插件。

5. Zurmo

Zurmo 具有企业期望 CRM 系统提供的联系人管理、交易跟踪、移动功能和报表、奖励积分系统等功能。

第五节　APP 开发工具软件与应用

APP 开发已经成为企业实现战略转型的重要手段。当下，移动互联网市场的迅猛发展推动了企业智能管理的步伐，加快了企业开展移动互联网营销的趋势。企业开发 APP 已经势不可挡。

一、APP 概述

APP 是英文 Application 的简称，由于智能手机的流行，APP 指智能手机的第三方应用程序。比较著名的 APP 商店有 Apple 的 iTunes 商店、Android 的 Android Market、诺基亚的 Ovi store、Blackberry 的 BlackBerry App World 以及微软的应用商城。

二、APP 系统

主流的四大 APP 系统是：

（1）苹果 ios 系统版本；

（2）塞班 Symbian 系统版本；

（3）微软 Windows phone7 系统版本；

（4）安卓 Android 系统版本。

三、APP 开发的意义

APP 软件开发对网络零售具有重大的意义：

1. 建立自有销售平台

利用网站、微博、微信、移动客户端的特点，打通社会化营销渠道，提高品牌宣传的渗透度。

2. 二维码应用

通过二维码的应用，实现从线下到线上的无缝连接。

3. 建立强大的用户数据库

通过会员制度，实现用户行为记录分析，建立用户数据库。

4. 增强数据互通，构建通讯供应链

实现各系统的数据互通，完善通讯供应链。

5. 建立社会化营销渠道

微博、微信、网站、手机客户端都是社会化营销渠道。

四、APP 开发步骤

步骤 1：规划应用 UI。

步骤 2：设计数据操作与存储。

步骤 3：跳转多页面实现。

步骤 4：实现 Service。

步骤 5：完善特性与细节。

步骤 6：移动应用程序测试。

步骤 7：打包，签名，发布。

五、APP 开发技术

在移动互联网 APP 普及时代，常用的 APP 开发技术总结起来主要有以下几种：Node.js、图片处理、LBS 定位、AR、3D 建模、EPub 电子出版、视频音频、在线支付、数据传输加密、ERP 等。

1. Node.js

Node.js 是一个可以快速构建网络服务及应用的平台，是基于 Socket 的即时通信的协议。

2. LBS 定位

LBS 英文全称为 Location Based Services，是指通过无线电通信网络或外部定位方式，获取移动终端用户的位置信息，在 GIS 平台的支持下，为用户提供相应服务的一种增值业务。

3. AR

AR 是指把虚拟的图像和文字讯息与现实生活景物结合在一起。目前，很多 AR 已经应用在 Android 和 iPhone 手机上。

4. 3D 建模

3D 建模通俗来讲就是指通过三维制作软件构建出具有三维数据的模型。

5. EPub 电子出版

EPub（Electronic Publication 的缩写，电子出版）是一个自由的开放标准，属于一种可以“自动重新编排”的内容。也就是文字内容可以根据阅读设备的特性，以最适于阅读的方式显示。

6. 数据传输加密

采用SSH技术及其软件来达到数字加密。通过SSH传输层协议、用户认证协议层、连接协议层，共同实现SSH的安全保密机制。

7. ERP

ERP（Enterprise Resource Plan）即企业资源计划，是指建立在信息技术基础上，以系统化的管理思想，为企业决策层及员工提供决策运行手段的管理平台。

思考题

1. 网络零售为什么具有比传统零售更高的技术含量？
2. 网络零售平台建站工具软件有哪些？如何应用？
3. IM工具软件有哪些？如何应用？
4. CRM工具软件有哪些？如何应用？
5. APP开发工具软件有哪些？如何应用？

第十章　传统商贸企业转型电子商务

学习目的和要求

本章主要阐述传统商贸企业转型电子商务的现状，传统商贸企业转型电子商务的路径、方式、策略等。通过本章学习，应达到以下目的和要求：

（1）认识传统商贸企业转型电子商务的必要性。

（2）学习并掌握传统商贸企业转型电子商务的路径、方式。

（3）学习并掌握传统商贸企业转型电子商务的策略。

本章主要概念

传统商贸企业转型　线上旗舰店　电子商务生态　电子商务 2.0　全渠道零售　第三方电子商务平台入驻　自建 B2C 平台　网络推广　流量构成　引流

第一节　传统商贸企业转型电子商务现状

一、国内传统商贸企业转型电子商务现状

（一）中国传统商贸企业转型电子商务发展历程

中国传统商贸企业转型电子商务发展历程如图 10-1 所示：

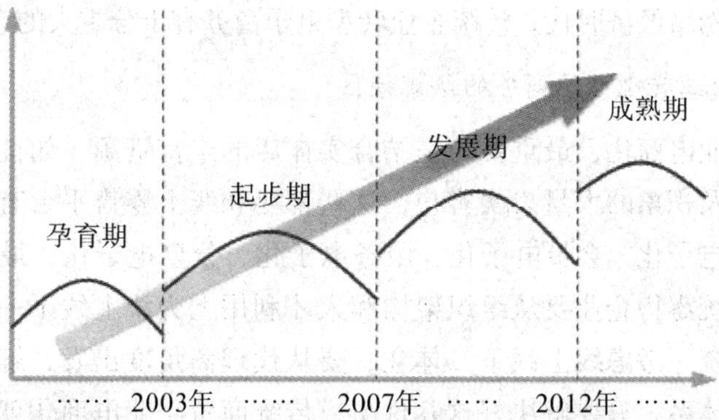

图 10-1　中国传统商贸企业转型电子商务发展历程

(二) 中国电子商务平台运作流程

中国电子商务平台运作流程如图 10-2 所示：

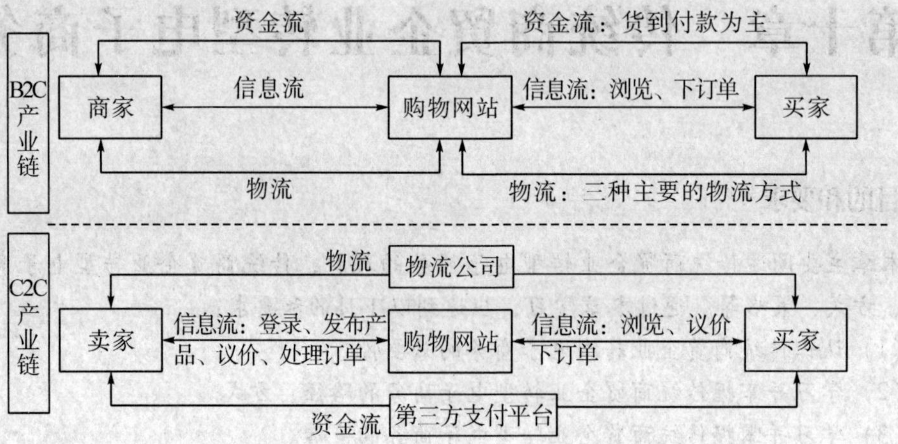

图 10-2 中国电子商务平台运作流程

二、传统商贸企业转型电子商务

(一) 传统商贸企业转型电子商务的意义

21 世纪，随着网络时代的到来和新经济时代的来临，人们已深深地感觉到了第二次信息浪潮的冲击，信息技术突破了单位性和地域性的局限，实现了网络化和全球化。目前，经济上的竞争已经逐渐转为信息的竞争，而信息化的核心又是电子商务，电子商务作为一种全新商务模式，代表着未来贸易方式的发展方向，也是 21 世纪主流商业与贸易形态，它正影响着人们的生活、工作、思维方式，同样也正改变着传统企业的生产方式和传统的贸易方式。随着网络经济的发展，电子商务加速了传统企业的转型、资源的重组。电子商务已成为社会各界关注的热点，但真正把握了中国发展电子商务的特殊本质、找到了正确发展途径、在实际运营中创造了可观社会经济效益的企业并不多。因此，在网络经济时代，传统企业转型电子商务有十分重大的意义。

(二) 传统商贸企业转型电子商务的认识误区

传统商贸企业电商化，最重要的是结合实体店的丰富资源，如良好的购物体验和导购服务体系以及积累的大量忠实客户，这些都要和线上零售平台有机地结合，实现商品展示与交易电子化、会员电子化、服务电子化、分享电子化，最后实现线上线下经营一体化。传统零售企业要从组织架构和人才利用上为线上线下一体化做准备，要在供应链各环节统一考虑线上线下一体化，要从代理商角度出发，解决好线上线下一体化的利益分配体系，只要解决好这几件事，传统商贸企业电商化就会更接地气，实现多赢。企业转型电商不能盲目跟风，一定要找好切入点。要从“线上线下商品一体化”“线上线下营销一体化”“线上线下会员一体化”“线上线下导购一体化”“线上线下支付和资金一体化”“线上线下订单一体化”六个方面入手，实现线下资源和线上资源的融合，这样电商化就能驾轻就熟，水到渠成。

1. 误区一：把电商平台当清库存平台

从销售形式上看，电子商务中有批发、零售、团购、代购、秒杀、拍卖等销售方式，它们之间的销售力度、顾客细分、运用时机都有很大的不同。在电子商务崛起阶段，价格战是电子商务和传统零售渠道争夺用户的一大法宝，也不得不承认，很多消费者网购的最初动机也是图便宜。但是经过相当一段时间的培育，网络群体的消费特征正呈多元化的发展态势，不少消费者已经从淘便宜演变成淘品质和淘品牌。如果企业一味迎合消费者的低价购买心理，最终只能陷入价格战的泥潭。值得一提的是，正是传统商贸企业源源不断的库存，成就了国内的几大电商平台，而电商平台反噬传统商贸企业的渠道体系。

2. 误区二：线上旗舰店孤立经营

目前，不少传统商贸企业在天猫、京东、唯品会、1号店、苏宁等平台上开设线上品牌馆或线上专卖店，但是经营业绩不尽如人意。不少品牌因为担心线上渠道和线下渠道利益的冲突，干脆创建线上专供品牌，这样就无法充分利用既有品牌的知名度和口碑效应。还有部分企业的电子商务与传统零售的运营没有进行统一对接，造成商品企划、市场营销、客服平台等资源的重复建设。还有部分企业，过分追求线上业绩，造成线上渠道与线下渠道的价格体系混乱，出现渠道体系不稳的现象，影响企业整体业绩。

传统商贸企业电商化绝不仅仅是一个网店或品牌馆的孤军奋战，而应该是一种全渠道零售体验。单一渠道时代是商务的1.0时代，而商务的2.0时代是全渠道时代，线上线下的协同是大势所趋。传统商贸企业要有效利用所有销售渠道，将消费者在各种不同渠道的购物体验进行无缝对接，最大化消费过程的愉悦性，这样既能体验电商的优势，如丰富的产品、搜索、比价、互动、评价等，也有实体门店的优势，如面对面的咨询、更佳的环境氛围、实物的体验和感知。也就是说，线上渠道和线下渠道的利益应该被纳入企业整体经营规划进行系统思考。

第二节 传统商贸企业转型电子商务策略

一、传统商贸企业转型电子商务初期的措施

（一）团队的快速组建（初期团队）

传统商贸企业转型电子商务的部门构成如图10-3所示：

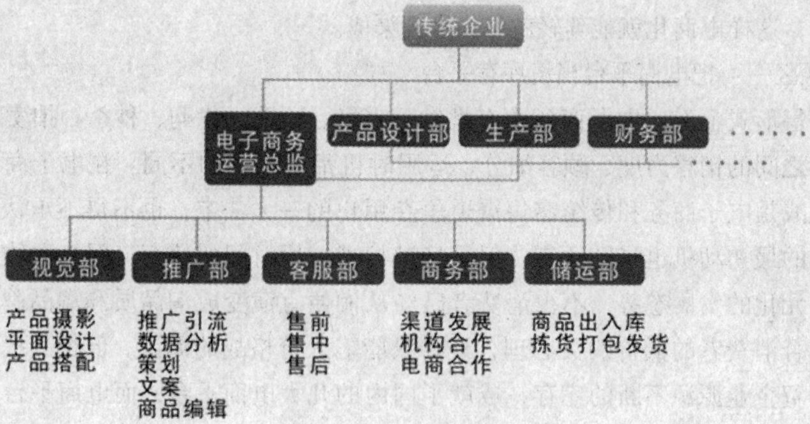

图 10-3　部门构成示意图

传统商贸企业快速地启动电子商务，其首要任务就是组建团队，让专人来负责电子商务的运营，传统商贸企业中启动电子商务的团队组建如表 10-1 所示：

表 10-1　团队的组建

部　门	人员配置	工作职责
视觉部	2 人（可外包，保留 1 人做平面设计即可）	负责摄影棚的搭建、产品图片拍摄、产品搭配、平面设计、店铺装修
推广部	2（可外包，保留 1 人策划编辑商品信息即可）	负责推广精准引流、数据分析、营销策划、产品文案、商品信息的编辑与 SEO 优化，提高商品成交转化率
客服部	3 人（可外包）	负责销售任务的售前、售中、售后的一切事项的处理，提高询盘转化率以及顾客满意度，降低商品退换率以及中差评投诉率，按照实际销售情况制订商品生产计划
商务部	1 人（可由销售组和推广组兼职）	渠道发展，服务机构的合作，电商之间的合作
储运部	暂定 2 人（初期与公司传统业务共仓，年营业额上千万时可租用专业的物流仓，至少要分仓）	负责商品的入库检查和出库检查，按照每日的订单迅速、准确、高质量地打包发货，配合销售组进行退换货的处理
运营总监	1 人	团队管理打造与培训、战略规划、运营实施、项目监督、协调与组织、企业文化建设以及执行领导安排的临时工作

自建团队初期，可对公司人力资源进行整合。比如：储运组可由公司原储运兼职，商务组可由销售组与推广组共同兼职，视觉组可保留 1 名平面设计师，摄影及搭配可外包完成，至此，团队人数为 5 人即可（仅限于启动配置）。

如果采用部分外包，快速启动仅需要 5 人，约一周时间就能完成基本上线，让更专业的服务商来做专业的事情，这样不但加快了速度，更为企业节省了人力成本。当电商市场打开后，则相应业务逐步回收，培养企业自己的专业团队。

（二）绩效、薪资、激励

1. 绩效

销售组由专业的客服绩效考核系统在线完成考核，通过询盘成交转化率、顾客满意度、销售指标完成情况、响应速度、规范用语等多项考核指标进行考核，考核成绩与薪水直接挂钩。

其他组由公司内部进行绩效考核，考核成绩与薪水直接挂钩。

对客服部，根据顾客询盘转化率、响应速度、顾客满意度、好评率、退换率等指标进行考核。

对推广部，根据引入 UV 量、成交转化率、广告费用的预算控制等指标进行考核。

对视觉部，根据完成的速度、质量、数量、出错情况等指标，进行提成奖励计算。

对商务部，根据渠道拓展完成指标、合作状况等进行考核。

对储运部，根据打包发货速度、数量、质量、错误率等指标进行考核。

2. 薪资

三大职层是：高层、中层、基层。

四大职类是：管理类、技术类、销售类、辅助类。

采用底薪+ KPI 考核+提成的方式计薪。

提成的 70%按月发放，30%年底发放。

对销售类按完成指标 60%～100%计标准提成，超额完成指标给予奖励提成，不足 60%不予计提成，其提成比例如表 10-2 所示：

表 10-2　不同销售类别提成比例

销售类型	销售类别	提成比例	销售类别	销售类别	提成比例
直营	日常销售	2%	渠道分销	网内分销	2%
	大型活动	1%		网外分销	1%

注：其他各职位薪资标准与提成另行详细制定。

3. 激励

（1）目标激励。设立切实可行的目标。

（2）数据激励。公布考核数据、引导竞争。

（3）领导行为激励。容人之量、愿景解释力、精神感召力。

（4）奖励激励。常新的物质、精神奖励。

以直营、入驻、分销三种形式作为主要销售渠道。

直营是指以 Tmall、C 店等进行直营。

入驻是指以京东、苏宁易购、1 号店、QQ 商城、当当等为销售平台。

分销是指让商品全面进入分销平台，全网招商，给予足够吸引力的折扣和销售奖励，让商品进入更多的卖家店铺，做一件代发。见图 10-4：

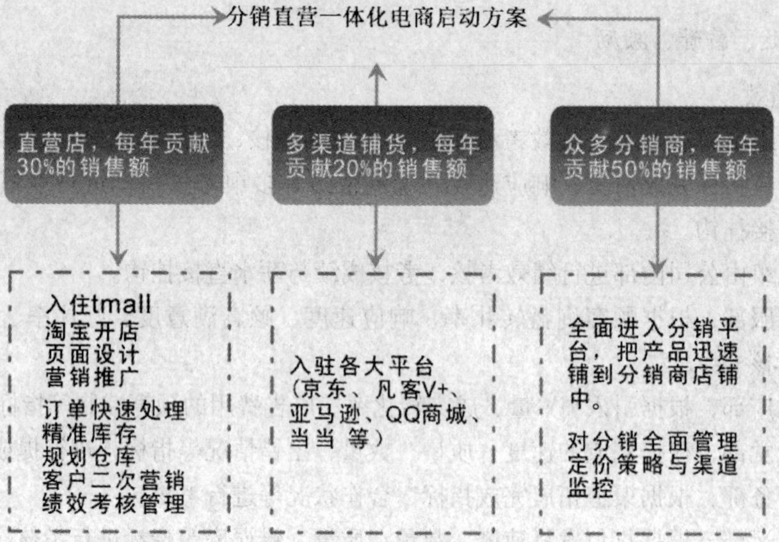

图 10-4　分销直营一体化电商启动方案

理想化销售额占比是：直营店贡献 30%的销售额，平台渠道贡献 20%的销售额，分销渠道贡献 50%的销售额。具体按实际发展情况进行相应的调整，逐步达到最佳占比。

（三）推广策略

网络推广是指通过互联网手段进行的宣传推广等活动。与网络推广相近的概念有网络营销、网站推广、网络广告等。

网络营销偏重于营销层面，更重视网络营销后是否产生实际的经济效益。而网络推广重在推广，更注重的是通过推广后给网站带来的网站流量、世界排名、访问量、注册量等，目的是扩大被推广对象的知名度和影响力。网络营销中包含网络推广这一步骤，而网络推广是网络营销的核心工作。网站推广是网络推广中极其重要的一部分，因为网站是网络的主体。

网络推广是目前投资最少、见效最快、效果最好的扩大知名度和影响力的形式，是被推广对象通过网络提高知名度，实现预期目标的最有力保证之一。

精准推广引流，把广告精准地投放给目标客户群。只有精准推广才能提高成交转化率。常用的推广工具有淘宝站内推广（直通车、钻展、硬广、超级卖霸、淘客、各种活动等）、社会化媒体（微博、社区、论坛、SNS、搜索引擎、QQ、广告联盟等）。

精准引流初期阶段，商业流量会在 60%~80%，随着运营流量逐步稳定，有一定的积累后，再慢慢调整，向 30%的标准靠拢。

（四）传统商贸企业切入电子商务模式

传统商贸企业切入电子商务模式如表 10-3 所示：

表 10-3　　传统商贸企业切入电子商务模式

销售模式	特点	优势	不足
批发模式	通过全国主要大型批发市场的批发商销售货品	利用批发市场全国销售网点多、辐射面广的特点，将产品在市场上快速铺开，迅速实现资金回笼	不利于品牌创立、维护与形象提升，对公司长远发展不利
代理商模式	将全国划分为若干区域，每个区域设立代理商，企业授权代理商全权负责该区域内的产品销售，由代理商发展和管理下属终端商	节约品牌销售渠道拓展成本和管理成本，发挥代理商的积极性和主动性	在品牌推广与货品管理上不易控制
特许加盟模式	以特许经营权为核心，由公司总部直接发展终端加盟商，或由特许区域商发展终端加盟商，按照统一的模式进行销售	品牌管理标准化、系统更新及时	对加盟双方的协同要求较高，加盟商的自由度受到很大限制
直营模式	企业自己选择合适的店铺经营并管理店铺	较好地体现品牌形象、容易实现垂直管理和精细化营销，市场计划执行力强，能够最准确地掌握市场信息	初始投资成本较高，终端管理能力要求较高
团购模式	公司团购营销部分直接与大型企业接洽，签订公司司服、职业装定做合同	资金回笼稳定快捷，存货周转时间短	对公司团购营销团队的要求较高
网络销售模式	利用品牌与互联网开展网上销售	减少销售环节，节约实际销售成本，信息采集及时，物流快捷	不能克服实体店购物的优势，相关法律体系不健全、网上交易存在安全隐患
C2C 模式	利用淘宝等 C2C 平台销售的小买家，产品一般都是低端或外贸库存压单产品	价格低，容易吸引低端消费者	规模小，不容易形成明显的产品优势
B2C 模式（品牌入驻）	拥有正规产品销售权限的合法公司，入驻大型的 B2C 平台，产品质量获得保证	可以通过平台的影响力，得到更多得认可，获得更多的销售机会	对平台的依赖度大

（五）企业自身 SWOT 分析

企业自身 SWOT 分析如表 10-4 所示。

表 10-4　　企业自身 SWOT 分析

	优势（Strength）： 清晰的战略定位； 良好的团队建设； 一定的品牌知名度； 节省大量的渠道成本； 极少的库存成本； 实体工厂的支撑	劣势（Weakness）： B2C 网站开启后，需要一个被消费者认可的过程
机会（Opportunity）： 新消费模式的出现； 网上直销巨大的发展空间； 减少中间商带来的高额利润； 自产自销，产品质量保证	SO： 抓住网上直销新发展模式，占据先机； 快速扩大品牌知名度，做同类鳌头； 积累资本，寻找稳定长足的发展战略	WO： 扩大新消费群体，增加消费人群； 同时加强顾客沟通，提高消费者品牌忠诚度
威胁（Threats）： 传统商贸企业的发展； 直销门槛过低，大量新竞争者	ST： 细分市场，抓住特定的消费群体； 通过自身快速发展，并购其他直销企业	WT： 避免与发展起来的强势 B2C 直接竞争； 保证充足的企业运营资本； 通过对上下游产业链的控制，保证产品质量； 必要的市场调查，清楚消费者满意度

（六）运营阶段战略

运营阶段任务与战略如图 10-5、图 10-6 所示：

所处阶段	网站建设阶段	网站完善、整体试运营阶段	网站运营中期	网站运营后期	网站长远规划
阶段任务	保证网站的流畅、稳定运转，网站内容基本完整	形成自己的网站风格、提高网站的流量	提高用户转化率、培养客户的黏性、增加网站会员商家的数量	开拓市场，为占领市场做准备。	占领行业网络市场，推进世界范围内行业发展
运营重点	网站平台搭建完成，广告位赠送（短期）	平台完善，内容维护及时	出售广告，提供企业级服务，扩大网站影响	增强影响力，树立网站形象，使网站盈利	一年盈利，二年融资，三到五年上市
	1月　2月　3月	4月　5月　6月	7月　8月　9月	10月 11月 12月	1年　…

图 10-5　运营阶段任务

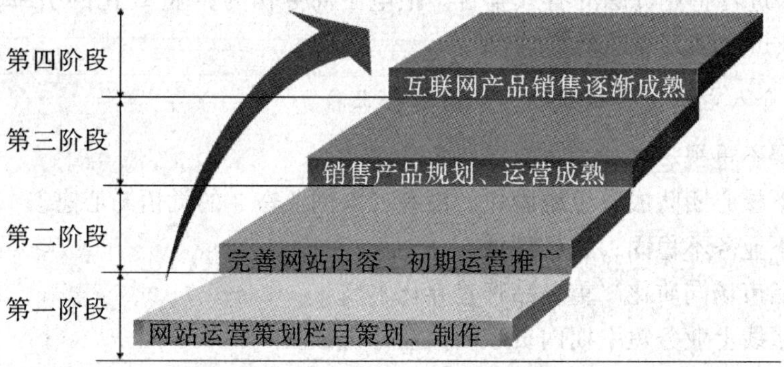

图 10-6 运营阶段战略

二、国内传统商贸企业转型电子商务的通常策略

（一）要放弃电子商务从自建企业 B2C 平台起步的想法

中国 B2C 的发展模式不同于欧美日韩，不是从企业 B2C 发展起来的，而是从第三方 C2C 平台发展起来的，这个第三方 C2C 平台就是淘宝。淘宝占据了中国网络零售市场 78%的份额，其经常性的逛街人流超过 1 000 万人，淘宝所属的支付工具支付宝已经成了中国网络购物支付的游戏规则制定者。

（二）要放弃网络销售等于直销的想法

其实网络市场更适于传统商贸企业擅长的分销模式。电子商务业界流传一个说法：人人都是分销商。

（1）备案经销商网店渠道。实质就是品牌厂商自己的渠道商在平台型购物网城上开的网店，目前最主力的出货平台就是淘宝。

（2）“梁山招募”独立网店渠道。就是那些通常所说的 C2C 中的前面的大 C。由于这些人起步早，通过经验累积成为网售平台上的大卖家。也有些独立网店渠道是从经销商处拿货，逐步发展起来的。

（3）嫁接 B2C 渠道。也就是那些垂直型的网络商城，如 3C 类的京东商城、新蛋网，百货型的卓越亚马逊、当当，母婴类的红孩子，箱包类的麦包包等。

（三）要建立线上线下资源整合的电子商务体制

1. 竖旗商城

完成上面两步后才可以自建独立域名的网上商城。因为前面两步已经帮你训练了团队、磨合了流程、形成了线下线上两条渠道的平衡管理方法、机制，最重要的是，藉由淘宝，分销商积累起自己的用户数据库，这时候企业所需要做的就是把用户购买路径顺滑地平移到自己的独立商城来。方法有很多，如有些促销活动只有企业独立商城才有等。

2. 构建集中交易的后台系统

有了独立域名的电子商城，企业不仅仅要利用新渠道吸引客户，增加近期利润，还要通过网络进行企业资源的有效整合。把电子商务作为企业 E 化的引擎，并在这个引擎的带动下进行多方面的资源整合。

（四）不建议介入电子商务领域的传统商贸企业

（1）高层不重视。

（2）线下核心团队成员思维固化，没有二次创业奋斗的觉悟与心态。

（3）线下业务不稳固，成长性低。

（4）产品市场同质化严重，品牌差异化不高。

（5）希望线上业务短中期内贡献较大业务份额。

（6）没有结合自身，进行可行性论证的电商业务推进时间表。

（7）没有好的运营，也找不到好的运营。

可以等到线上商业模式成熟，且轻易可复制，行业人才储备和人才流动比较充分的时候，介入网络零售业务。

思考题

1. 传统商贸企业为什么必须向电子商务转型？
2. 传统商贸企业转型电子商务应采取什么样的路径与方式？
3. 传统商贸企业转型电子商务的策略有哪些？
4. 电子商务生态的内涵是什么？
5. 什么是电子商务 1.0，什么是电子商务 2.0？二者有何区别？
6. 全渠道零售的内涵是什么？
7. 第三方电子商务平台入驻与自建 B2C 平台有何区别？
8. 网络推广对电商平台有何意义和价值？如何做网络推广？
9. 电商流量构成是什么意思？如何为电商平台或网店引流？
10. 如何提高电商平台或网站的转化率？

第十一章　O2O 智慧商圈

学习目的和要求

本章主要阐述传统商圈与智慧商圈的定义、各自的特点，传统商圈面临的挑战以及向智慧商圈转型升级的必要性。通过本章学习，应达到以下目的和要求：

（1）认识传统商圈。

（2）认识智慧商圈的特征和服务内涵。

（3）学习智慧商圈的建设内容。

本章主要概念

传统商圈　智慧商圈　O2O　互联网+　服务 2.0　定制服务　智慧商圈服务系统

第一节　传统商圈

一、商圈的定义

商圈，是指商店以其所在地点为中心，沿着一定的方向和距离扩展，既是吸引顾客的辐射范围，也是来店顾客所居住的区域范围。商圈由核心商业圈、次级商业圈和边缘商业圈构成。传统商圈是一个地域空间概念。

二、传统商圈的要素

商圈必需的要素包括消费人群、有效经营者、有效的商业管理、合理的发展前景和政府支持，此外还有商圈的形象、功能、建筑形态以及建筑成本等。

三、传统商圈的决定因素

（一）店铺的经营特征

经营同类商品的两个店铺即便同处一个地区的同一条街道，其对顾客的吸引力也会有所差异，相应的商圈规模也不一致。那些经营灵活、商品齐全、服务周到、在顾客中树立了一种属寄生性质的店铺，本身并无商圈，完全依靠因其他原因或前往其他店铺购物而随机光顾的顾客。

（二）店铺的经营规模

随着店铺经营规模的扩大，它的商圈也随之扩大。因为规模越大，它供应的商品范围越宽，花色品种也越齐全，因此可以吸引顾客的空间范围也就越大。商圈范围虽因经营规模而增大，但并非成比例增加。

（三）店铺的商品经营种类

经营传统商品、日用品的店铺，商圈较经营技术性强的商品、特殊性（专业）商品的店铺要小。

（四）竞争店铺的位置

相互竞争的两店之间距离越大，它们各自的商圈也越大。如潜在顾客居于两家同行业店铺之间，各自店铺分别会吸引一部分潜在顾客，造成客流分散，各自商圈都会因此而缩小。但有些相互竞争的店铺毗邻而设，顾客因有较多的比较、选择机会而被吸引过来，则商圈反而会因竞争而扩大。

（五）顾客的流动性

随着顾客流动性的增长，光顾店铺的顾客来源会更广泛，边际商圈因此而扩大，店铺的整个商圈规模也就会扩大。

（六）交通地理状况

交通地理条件是影响商圈规模的一个主要因素。位于交通便利地区的店铺，商圈规模会因此扩大，反之则限制了商圈范围的延伸。自然和人为的地理障碍，如山脉、河流、铁路以及高速公路等会极大地截断商圈的界限，成为商圈规模扩大的巨大障碍。

（七）店铺的促销手段

店铺可以通过广告宣传、开展公关活动以及广泛的人员推销与营业推广活动不断扩大知名度和影响力，吸引更多的边际商圈顾客慕名光顾，随之店铺的商圈规模也会快速扩张。

四、传统商圈转型升级

（一）传统商圈面临的问题和挑战

当前，许多地区的传统商圈正在遭遇严重的“中年危机”，转型升级势在必行。传统商圈面临的挑战主要来自三个方面：

一是随着新型城镇化的快速推进，一些过去自发形成的老商圈的物业逐渐老化，在环境上需要提档升级。

二是区域内其他商圈对传统商圈形成了分流。

三是随着网络零售的迅猛发展，新的电子商务业态出现并发展，终端消费者的消费行为发生了巨大变化。新一代“90后”天然就是“电商动物”，如何适应他们的消费理念和消费方式，是传统商圈必须思考的问题。

（二）传统商圈转型智慧商圈

传统商圈必须适应互联网给商贸流通带来的新变化，应用新技术、新模式实现传统商圈的转型升级。

第一，互联网给传统商圈锦上添花，为传统商圈的发展插上了翅膀。在“互联网+”时代，传统商圈要更好地与互联网融合，探索服务新模式，让消费者在实体购物环境中也能够享受到电商、APP 带来的便利，获得更好的消费体验。

第二，传统商圈依然具有难以替代的优势，其竞争力来自“体验经济”。人是社会性动物，实体店的体验式消费环境，可以满足人们对家庭和社会交往的需求。

第三，传统商圈应借助“互联网+”形成自己的特质，创造增量，把流失的客群重新拉回来，甚至吸引本区域之外的消费者来消费。

第二节　O2O 智慧商圈

一、智慧商圈的定义

智慧商圈是一个以互联网、移动互联网、大数据和云计算等为基础，涵盖“智慧商务”“智慧营销”“智慧环境”“智慧生活”“智慧管理”“智慧服务”的智慧应用大平台。智慧商圈是智慧城市的重要组成部分，智慧城市是新一代信息技术支撑、知识社会创新 2.0 环境下的城市形态，是继数字城市之后信息化城市发展的高级形态。

二、智慧商圈的特征

智慧商圈具备五大特征：O2O 线上与线下结合、全面透彻的感知、宽带泛在的互联、智能融合的应用以及以人为本的可持续创新。通俗地说，智慧商圈是以传感技术为感知器官，以宽带泛在网络为神经网络，以大数据、云计算技术为大脑，实现对海量数据的存储、计算与分析，最终，基于以人为本的理念，实现经济、社会、环境的可持续发展。

三、智慧商圈服务内涵

构建智慧商圈服务的理论基础是在传统商圈被动服务 1.0 基础上的主动服务 2.0。该理论包含四个方面内容：主动服务、立体服务、智能位置服务以及个人隐私服务。

主动服务，是服务 2.0 的灵魂。主动服务本质上是为了给予消费者犹如“老主顾”般亲切、贴心的定制化服务。在智慧商圈，每一位消费者都可以享受到同样品质的个性化服务。

立体服务，意味着更丰富的商业服务选择。众多提供商业资讯或商业服务的服务提供商都可以在智慧商圈落脚，而消费者，将基于统一的平台，享受到服务商的全方位服务。

智能位置服务，是智慧商圈在传感技术方面的“智慧”体现。借助无所不知的传感技术，无论消费者身在哪里，智慧商圈都能发现他，识别他的身份，并借此引导商家为其提供定制化服务。

个人隐私服务，是智慧商圈的安全围篱。无论信息技术如何发展，安全始终必须走在前面。在智慧商圈，无论是个人，还是商家，都需要获得全方位的安全隐私保护。特别是作为“上帝”的消费者，在开放个人信息、享受个性化服务的同时，必须受到最好的个人隐私保护。

四、智慧商圈服务系统构成

（一）智慧商圈服务系统

智慧商圈服务系统运行于 Internet 网，通过智能手机的移动应用为商圈的商城、商家、消费者搭建一个服务平台，同时可对接团购网、到家服务等第三方平台，系统可由商圈管委会协调商城、商家，电信运营商，投资建设并负责运营。

（二）服务对象及功能

智慧商圈服务对象及功能如图 11-1 所示：

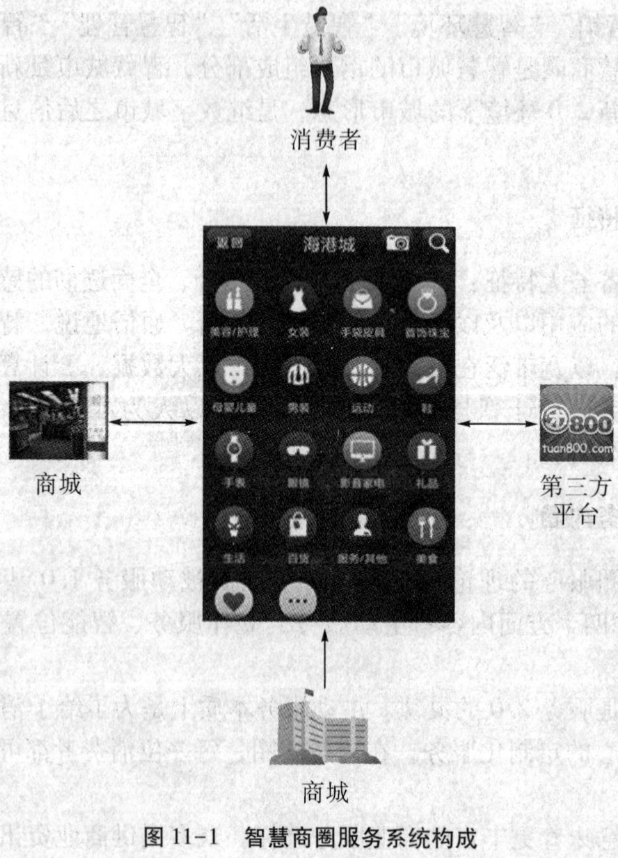

图 11-1　智慧商圈服务系统构成

1. 商城服务

传统商圈一般可划分为商城或商域（即一定区域范围内的非商城的平街商铺），每一个商家归属于一个商城或商域。按商城或商域建立商圈电子地图，商城或商域可关联百度地图进行显示和导航。商城或商域的地图和商家信息一部分缺省直接加载于移动应用，一部分由用户进行有选择下载。见图 11-2：

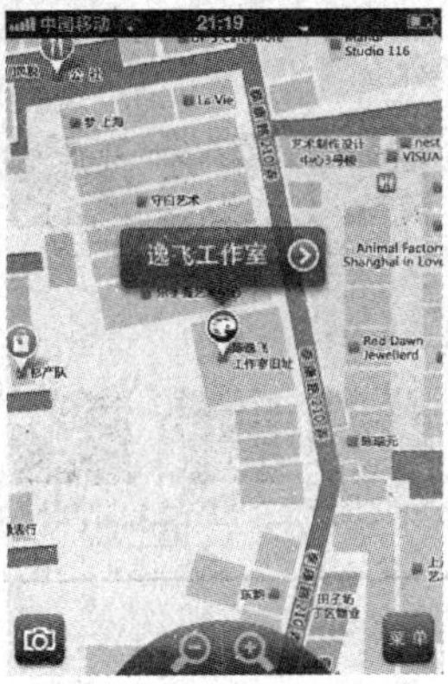

商圈地图

商城或商域下载

商城或商域地图

图 11-2　商圈电子地图

可在商城首页发布优惠活动的最新信息。见图 11-3：

图 11-3　发布优惠活动信息

为商城建立商城地图服务，其他的则为商城内的商家、消费者提供如“商家”“消费者”服务功能。

2. 商家服务

在系统中发布店铺分类、店铺名称、照片、简介（包括商品、品牌信息等）、联系电话、具体地址（可定位于商城或商域的地图上）、营业时间、房间或人均消费价格（住宿或饮食）、网址等信息。见图 11-4。

图 11-4　商家服务

系统自动对店铺简介进行数据挖掘，在完全无人监管的方式下使用数据挖掘和机器学习技术，将店铺简介转化为与商品相关的值，来扩大分类的覆盖范围，实现服务的主动推送。

3. 消费者服务

可根据消费者当前位置，在百度地图上分类查看周边的商城或商域。

可根据消费者当前位置，显示临近的店铺列表（室内位置的定位、人的位置、店铺的位置）。

消费者可查看购、食、住的信息。比如，消费者可收藏自己喜爱的店铺，对所到店铺进行签到，可分享心情到新浪或腾讯微博。

系统可根据当前时间、消费者当前位置、消费者习惯（已记录的商铺喜爱信息与分享记录），向消费者推送适当的店铺信息（按店铺分类和店铺商品系统自动分类）。

系统可根据消费者当前位置、消费者停留时间、靠近消费者商铺的拥挤程度，向消费者推送附近类似商铺的信息。

（三）建设内容

1. 商圈无线网

在关键区域提供免费无线网公共服务，加强智慧商圈的使用。

2. 支撑平台

包括服务器、存储、安全、系统软件等。

3. 软件开发

包括软件开发、运维，商圈地图、商城地图的建立与维护。

4. 内容服务

包括商圈、商城、商铺信息的建立与维护（对商圈所有商城、商铺进行登记——

拍照、信息采集等)，对注册消费者的维护。

5. 宣传推广

智慧商圈服务系统如需达到使用效果，必须进行宣传推广，需在商圈关键位置设立“宣传窗口”(可进行广告运营)，采用二维码扫描进行软件下载。

(四) 运营模式

智慧商圈服务系统的建设、运行维护是一个长期的过程，是需要持续资金投入的，因此需要一个长效的运营机制。

(五) 运营架构

商圈的运营架构如图 11-5 所示：

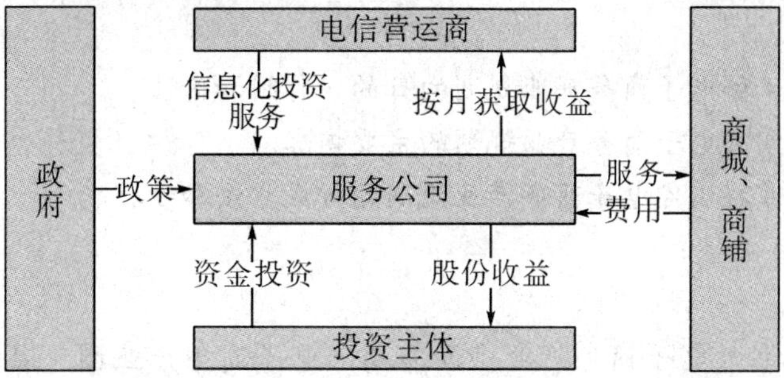

图 11-5　运营架构示意图

如南京新街口商圈成立服务公司专门进行智慧商圈运营，政府给予各方面政策支持，服务公司向商城、商铺提供服务，获取长期收益。

智慧商圈的建设经费来源于服务公司获取的投资主体资金与运营商信息化投资。

运营商负责商圈无线网、支撑平台、软件开发的投资、建设、运维。

服务公司负责商圈“宣传窗口”投资、建设、运营，负责内容服务，负责向商城、商铺推广服务、收取费用。

思考题

1. 传统商圈在互联网环境下面临哪些挑战?
2. 传统商圈转型升级的主要方向是什么?
3. 传统商圈由哪些要素所构成?
4. 传统商圈有何特点?
5. 智慧商圈的内涵是什么?
6. 智慧商圈服务 2.0 包括哪些内容?
7. 智慧商圈由哪些服务系统构成?

第十二章　电子商务产业规划

学习目的和要求

本章主要阐述电子商务产业规划的目的、作用和价值，电子商务产业规划的主要内容，制定电子商务产业规划的方式方法和步骤。通过本章学习，应达到以下目的和要求：

（1）认识并了解电子商务产业规划的目的、作用和价值。

（2）学习并掌握电子商务产业规划的主要内容。

（3）学习并掌握制定电子商务产业规划的方式方法和步骤。

本章主要概念

电子商务规划　电子商务产业空间布局　电子商务产业园　县域电子商务　农村电子商务　线上线下融合　三网融合　电子商务产业集群　网商　O2O 展示体验中心　移动电子商务　云计算　大数据

第一节　电子商务产业规划总则

一、电子商务规划背景

当前，我国电子商务发展进入密集创新和快速扩张的新阶段，日益成为拉动我国消费需求、促进传统产业升级、发展现代服务业、推动国民经济保持快速可持续增长的重要动力和引擎。随着电子商务发展环境的不断改善，全社会电子商务应用意识的不断增强，应用技能的不断提高，推进电子商务发展工作机制的初步建立，围绕电子认证、网络购物等主题出台的一系列政策、规章和标准规范，为构建良好的电子商务发展环境提供了保障。

2014 年以来，我国县域电子商务成为新兴热点。据不完全统计，上百个县市将电子商务作为政府重点工作之一，有的甚至将其列入“一号产业”。在 2014 年 7 月举行的首届县域经济与电子商务峰会上，“如何发展电子商务园区”是各级领导最关注的话题之一，电子商务园区成为县市领导的主要抓手。随着“互联网+”进入政府工作报告，电子商务将受到各级政府、企业的更大关注，将更为广泛、深刻地融入各地的生产、流通、消费等活动中。未来三到五年，县域电子商务将持续火热，孕育全新的电子商务增长极。相应地，县域有望迎来电子商务产业发展热潮。电子商务在我国几乎已遍地开花。

我国面临“三期叠加”矛盾，经济下行压力不断加大，近几年各地经济增速也日渐趋缓。未来的主流商业模式是电子网购和直销服务，零售、旅游、餐饮、金融等传统经营模式将遭到颠覆性改变，同时随着网购行业发展的不断深入，线上线下的融合已成为现代商业模式的一大亮点，而这一趋势会倒逼着供应链、制造业、服务业的自觉改革。在这种趋势下，各地将占地少、发展空间大的电子商务产业作为调整产业结构、转型升级、发展新兴产业的战略选择，纷纷提出加快发展电子商务的思路，出台了加快电子商务产业发展扶持办法等优惠政策，编制了电子商务产业园创建工作方案，并积极申报创建省（市）级和国家级电子商务示范（县）区。

二、发展机遇

1. 全球电子商务进入新一轮增长期

电子商务日新月异的发展，带动了全球经济发展热潮。电子商务与企业信息化相互融合，催生了电子商务服务业的迅猛发展，目前电子商务逐步进入信息流、资金流、物流三流融合发展阶段，具备畅通无阻进入国际贸易领域的条件，国际电子商务正在从经济体内向跨经济体、跨区域以及全球化延伸，全球电子商务将迎来新的增长期。

2. 国内电子商务发展迅猛

近年来电子商务已逐渐成为经济发展新亮点。“十二五”期间，电子商务被列入战略性新兴产业重要组成部分，国内许多城市高度重视电子商务发展，并已取得长足进展。纵观全国，电子商务正逐步向应用纵深化、服务人性化、网站专业化发展。同时，区域化战略、国际化视野和融合化发展，将使我国企业有机会和发达国家企业站在同一起跑线上。

3. 各地政府的积极参与为电子商务产业发展带来新动力

各地政府应主动适应经济“新常态”，重视电子商务产业发展，将电子商务作为转型升级的重要抓手，依托产业和区域优势，科学定位，形成特色，不断优化电子商务发展环境，大力推动“线上”抓商机，“线下”促转型。各地按照“智慧城区、E 动城市”的思路，通过宣传造势、招商引才、规划引领、政策扶持等多种措施，助推电子商务突破性发展。

4. 宽带网的普及和智能手机的大规模应用为电子商务产业发展提供新契机

据统计，各地宽带网普及率已达 70%以上，智能手机普及率达 60%以上，网购渗透率达到 50%以上，进出各地的网购包裹进出量快速增加。网上购物、网上缴费、手机团购等已经成为各地区市民的普遍性网上行为。这些都为各地区电子商务的发展创造了良好的发展环境和消费人群基础。

5.“三网”融合进程不断加快为电子商务产业发展带来新机遇

三网融合进程的加快促使基础电信服务和综合信息服务的融合发展，在这个大趋势下，各地区电信运营商一方面基于规模经济推进宽带和 IPTV 应用，同时力图抓住智能管道、云计算、物联网等，加快开放转型步伐和新技术应用，以丰富业务及提高用户体验，积极在电子商务产业中扮演更为核心的角色。在本辖区内开展业务的互联网公司快速构建并丰富内容以拓展用户，不断提升其用户体验和向非 PC 终端渗透，同时，互联网公司在细分领域也进行有效的创新尝试与融合推进。

三、规划原则

1. 市场主导和政府引导相结合

遵循市场经济规律和电子商务产业自身发展要求，结合各区区域产业特色，发展符合各区域实际的电子商务产业。同时，按照战略性新兴产业培育和建设电子商务中心的要求，确立市场主体在电子商务产业发展中的基础性作用，强化政府在产业规划、政策引导、配套完善、法规建设、市场监管等宏观指导作用，加快推进电子商务健康有序发展。

2. 扶持促进和规范发展相结合

坚持“在发展中规范，在规范中提升”的发展路径，努力创建具有比较优势的政策环境，形成良好的电子商务发展氛围，扩大在电子商务产业的市场份额，在商业模式和技术创新等方面达到先进水平。同时，加快建立健全电子商务相关配套法律法规，推动各地电子商务由“放开搞活”向“规范提升”阶段发展。

3. 全面发展和创新提升相结合

结合各地转变经济发展方式的总体要求，加快推进电子商务在传统产业和社会各领域的应用，提升各地电子商务整体发展水平。着力推动电子商务发展，支持并服务企业进行战略、模式、技术及管理等方面的创新，推动先进技术应用，创新电子商务发展模式。

4. 壮大企业和完善支撑相结合

按照建设省（市）级和国家级先进电子商务产业链的要求，做大电子商务交易平台，做强电子商务企业。加快推进电子商务支撑体系建设，发展电子商务产业链。鼓励和支持新兴技术应用和商业模式创新，加快对物流配送、诚信机制、人才资金等制约因素的破题，推进电子商务与支撑体系同步协调发展。

5. 重点集聚和全面布局相结合

结合各地电子商务发展实际，在加快推进重点区域建设的同时，兼顾全省（市）和全国电子商务协同发展，支持大宗商品交易实体平台建设，进行大宗商品网上交易，鼓励加快网络购物和行业电子商务平台发展，推动电子商务在农副产品交易过程中的应用，支持电子商务企业实行运营总部、科研中心和仓储物流中心跨区域布局，鼓励和支持有条件的电子商务企业通过外设分支机构、并购及合作等方式，加快在国内市场布局和进入国际市场，把本区域建设成为全国领先的电子商务中心。

四、规划依据

制定电子商务产业发展规划，要按照市场经济的要求，依据国家近期出台的政策、文件等进行编制，这些文件包括《2006—2020 年国家信息化发展战略》《国务院办公厅关于加快电子商务发展的若干意见》《国务院关于大力发展电子商务加快培育经济新动力的意见》《2014 年度中国电子商务市场数据监测报告》《2014 年电子商务白皮书》、工业和信息化部《电子商务“十二五”发展规划》、商务部《服务贸易发展“十二五”规划纲要》、商务部《关于“十二五”时期促进零售业发展的指导意见》、商务部《“互联网+流通”行动计划》，同时也包括各地出台的发展电子商务的政策、文件和领导讲话等。

第二节　空间布局规划

一、空间布局规划总体要求

电子商务产业发展在空间布局上要集中与分散相结合，以集中管理为主。

1. 规划建设电子商务产业园

电子商务产业园可分为多期建设。一期可以以工业园区或互联网产业园为基础，逐步过渡到电子商务专业楼宇，逐渐形成以工业园或互联网产业园为依托，形成规模较大、配套完善、具有一定影响和辐射力的电子商务产业园区。按各地的发展实际情况，电子商务产业园园区总面积可大可小，小可至数百平米，大可至数十万平米。在功能上，形成以电子商务企业总部集聚、产品展示、平台营运、支付结算、客户服务等为一体的电子商务产业集群园区。通过入驻园区的国内知名电商企业的示范，带动电商产业集群快速成长，推动电子商务与实体企业的高度融合，推进各地区电子商务集群化发展。

2. 多点发展

电子商务专业楼宇，作为对电子商务产业园区的补充和延伸，为各地区电子商务园区发展建设过程中的过渡性产物。以电子商务发展带动楼宇经济转型升级，重点在于引进特定类别电子商务企业，比如 O2O 类或者移动电子商务类，打造集在线交易、展示、培训、金融等功能于一体的电子商务专业楼宇。

二、功能区规划布局

1. 电子商务总部功能区

各地可根据实际情况，规划建设电子商务总部基地，该总部基地集综合采购、开放平台运营、云数据运维、用户体验优化、物流控制、在线客服、电子商务人才孵化七大运营职能为一体。以总部基地为中心，打造各地区最大电子商务中心。以云运营平台、云资源存储、云技术研发的三大云平台支撑电商规模，加快各地区现代服务业的升级，推动经济社会发展方式转型升级。

2. O2O 展示功能区

O2O 展示功能区，是立足线下实体展示体验性销售，与线上销售有机融合的功能区。以实体店营销为主体，采用先进的互联网技术与信息化手段，构建网上营销平台作为延伸与补充，并通过专业化系统运营，实现线下平台与线上平台闭环运作的全新运营模式。充分利用互联网与大数据全方位营销，拓展商机，形成具备强大生命力的专业商贸平台，应积极培育 O2O 体验式商业模式。通过线上与线下资源结合，以 APP+WAP+WEB 三位一体 O2O 模式实现线上与线下相互转化。O2O 展示功能初期规划面积可在数十平米至数千平米之间，远期规划数千至数万平米。可按照不同的功能划分，设置具有本地特色的工业品、轻工业品、农牧特产品、手工艺品、非物质文化遗产产品、旅游产品等展示区，以及跨境电子商务进口商品展示区，并可另设电商虚拟购物体验区（二维码扫码购物方式）、电子商务货品配送自提区、电子商务交易结算区等多个主题功能区。

3. 电子商务创新孵化功能区

随着信息技术、网络技术、通信技术和各类 IT 服务市场的不断成熟，电子商务应用需求迅速增长，电子商务的发展已渗透到传统企业的方方面面，涌现出了大批中小电子商务企业和传统企业电子商务化。同时很多园区也纷纷设立了电子商务专业楼宇，为电子商务中小企业提供专业孵化。各地区的电子商务创新孵化功能区，主要是孵化电子商务相关领域的创意设计、品牌策划、网络营销、网络直销分销、跨境贸易、现代物流等自主创业项目。打造小微企业的一站式服务平台及创意者、大学生的创业空间和平台，为各类创业者提供创业辅导课程、项目策划推广、政策法规咨询、企业人才招聘、后期跟踪支持等各项创业辅导服务，提高小微企业创业成功率。通过建立“孵化器+创业辅导+创投资金”的立体孵化模式，同时整合各种社会资源，为企业打造一条“创业平台—孵化器—企业加速器”的可持续发展的成长路线图。

4. 电子商务物流配送功能区

服务于中小电子商务企业与实体商贸的物流仓储与配送中心是电子商务产业园不可缺少的重要支撑。配备现代化的物流装备，如电脑网络系统、自动分拣输送系统、自动化仓库、自动旋转货架、自动装卸系统、自动导向系统、自动起重机、商品条码分类系统、输送机等新型、高效、现代化、自动化的物流配送机械化系统，配备数量合理、质量较高、具有一定物流专业知识的管理人员、技术人员、操作人员，以确保物流作业活动的高效运转，形成物流、仓储、分检、加工四位一体的快速配送功能区。

第三节 工作任务与项目支撑

一、总体发展目标（2015—2019 年）

"十三五"期间是电子商务发展的战略机遇期，电子商务将呈现爆发式增长，各地可制定符合当地经济社会发展实际情况的电子商务发展目标。

一是在优势产业与重点行业，应深度应用电子商务。各地电子商务交易额达到数千万元至数亿元，网络购物交易额超过数千元至数亿元，占 GDP 比重超过 10%。

二是电子商务应用广泛普及，各地区 80%以上企业开展电子商务，70%以上中小企业经常性应用第三方电子商务平台。

三是电子商务骨干企业具备规模与竞争优势，培育多家收入超亿元，若干家超千万元的电子商务企业。

四是电子商务产业集聚区领先发展。打造若干个基础设施完善、配套设施齐备、创新能力强、企业集聚数量超过数家、年交易额超过数千万元至数亿元的电子商务产业区（园、楼宇集群）。

五是电子商务专业人才具备规模。建设淘宝大学区域培训基地，建设国家商务部电子商务人才区域培训中心，建立与地方大学、职业培训机构等电子商务"产学研"合作机制，到 2019 年为地方培养与培训各类电子商务实用性专业人才数千至数万名。

总体目标计划表如表 12-1 所示：

表 12-1 总体目标计划表

目　标	2015 年	2016 年	2017 年	2018 年	2019 年
电子商务交易额					
网络零售额占 GDP 比重					
规模以上企业电子商务应用率					
网络零售额占社会消费品零售总额比重					
规模达 10 亿元以上的电子商务产业园区（个）					
销售额过千万元的电子商务企业（家）					
销售额过百万元的网商（家）					
国家及区域级电子商务物流配送中心					
电子商务从业人员（万人）					

二、主要工作任务

（一）加快培育电子商务平台和网商

结合地区经济结构和产业特征，筹备本地化的电子商务 B2C 平台，为企业间电子商务模式广泛运用打下基础，使数字增值业务不断延伸。

1. 加快发展行业电子商务

依托各地区块状经济、专业市场和产业集群，建设电子商务平台服务功能，推进行业网站的建立，促进信息流、商流、物流和资金流综合服务融合。

2. 加快发展供应链电子商务

有效整合流通环节的各种资源，支持一批具有较强流通环节控制力的企业建立连接上游供应商和下游经销商交易业务的电子商务平台，提升各地区流通企业对市场的控制力。

3. 加快行业平台建设

鼓励市场运营主体、第三方电商服务企业整合市场资源，建立行业电子商务平台，为市场商户提供线上线下交易服务。鼓励市场经营户在线发布商品信息、与客户开展信息交流，最终实现在线支付、在线交易和物流配送。支持小微网商和个人创业者借助专业市场完整的产业链优势，依托第三方平台开展网络分销与零售业务。引导有条件的专业市场设置电子商务专区，完善网络接入、仓储配送、线上结算等电商配套功能。

4. 加快农村电子商务发展步伐

加快农村电子商务发展步伐，是建设现代流通体系、提高市场竞争力的迫切需要，是转变经济发展方式、推动传统产业转型升级的内在要求，也是整合系统网络和产品资源、打造上下贯通综合服务平台的重要手段。各地区以开拓农村电子商务和发展农产品电子商务为重点，大力培育电子商务市场主体，加快基层经营服务网点信息化改造，加强不同类型电子商务平台的建设与融合，全力构建具有地方特色的电子商务经营服务体系。立足供销合作社传统主营业务，充分发挥大型骨干流通企业、商品交易市场、农产品批发市场的作用，建设 B2B 电子商务交易平台，开展农资、农产品、日用消费品的网上批发交易。推动面向整个行业的电子商务企业发展，整合产业链和供应链，为生产企业和分销企业间、批发企业和零售企业间网上交易提供第三方服务，不断提高供销合作社行业影响力和主导能力。

5. 大力发展网商

网商作为电子商务产业发展的推动主体，在数量与质量上都应得到大力支持。通过人才引进、孵化培育、转型培训、顶岗实习等多种手段，用几年的时间，为各地区培训网商人才数千至数万人。

6. 培育跨境电商

根据国家的“一带一路”战略，依托各地区不同的交通优势和地理优势，立足地区经济带节点，建设具有较强辐射带动功能的区域跨境电子商务发展高地。通过跨境电子商务公共服务平台建设，为电子商务产业园企业打造一个集合商品供应、物流运输和信息共享的跨境电商综合供应链解决方案，提供具有时效、安全、价优的服务，推动园区电商向国际化升级。

（二）推动网络零售创新发展

鼓励大中型零售企业创新发展网络零售，建设线上线下一体化、实体与虚拟相结合的电子商务零售平台。发挥网络零售成本低、覆盖广、速度快的优势，加快网络零售企业和第三方购物平台建设，实现企业规模、盈利能力和品牌提升。

1. 大力建设第三方网络零售平台

扩大网络零售商品和服务种类，推动服装、电脑及配件、家电、数码、家居、母婴用品、土特产等商品进行网上销售，支持本地区网商进驻国内大型网络零售平台。

2. 支持企业自建平台进行网络零售

鼓励发展特定商品门类或者特定消费人群的网络零售平台，做精做透专业网络零售业务，着力培育一批辐射全国消费市场的网络零售企业，争取形成企业总部、利润、税收、就业在地方，销售覆盖全国市场的良好发展格局。

3. 推进传统商贸业和网络零售融合发展

支持传统百货、连锁超市等企业依托原有实体网点、货源、配送等商业资源开展网络零售业务。结合城市居民日常消费需求，支持小商品市场经营户开展网上销售，发展集电子商务、呼叫中心和城市配送于一体的同城网络零售，推进传统零售业向全渠道网络销售转型升级。

4. 探索发展新型网络购物方式

结合农村流通实体网点建设，支持发展面向广大农民的网络零售平台，探索网上看样、实体网点提货等经营模式。规范发展网络团购，逐步建立市场准入制度，加强对团购组织者和资金的监管，促进健康持续发展。鼓励本地实体在C2C平台开店。

（三）推动电子商务全方位应用

1. 提高电子商务应用在各个行业的覆盖和渗透力

在各地区形成一批国内外知名的第三方平台及产业集群。推动地方特色产业和产品建立垂直型电子商务平台，通过向社会开放，逐步向行业性电子商务平台发展转型。扩大移动电子商务在生活服务和公共服务领域的服务应用，并进一步向工农业生产和生产性服务业领域延伸，积极推动移动电子商务在“三农”等重点领域的示范和推广，加强移动电子商务技术与装备的研发力度，完善移动电子商务技术体系、标准和业务规范。

2. 推进电子商务进入文化产业和数字出版业领域

完善制度建设，加强知识产权保护，鼓励平面出版物和视频节目数字化，支持对舞台剧目、音乐、美术、非遗和文献资源等进行数字化转化、开发、下载和交易，规范发展网络游戏等文化服务，培育专业性文化产品交易平台。依托网络建立数字版权运营体系，探索“自助出版模式”。

3. 推动电子商务在服务业领域的应用

逐步探索和推广电子商务在政府采购中的应用，进一步降低采购成本，提高采购效率和透明度。推进金融领域电子商务应用，加快发展网络融资、理财等金融中介业务，规范发展虚拟货币交易平台。积极建设社区便民服务平台，实现辖区企业全覆盖并逐步向大众延伸。

（四）推动电子商务创新发展

1. 加快云计算的应用

加快完善适应电子商务发展需要的IT基础设施，重视云计算和物联网的基础设施建设和在电子商务产业中的应用，加快开发基于互联网的重要业务应用和服务，形成一批具有自主知识产权的核心技术和创新产品，使得企业实施电子商务更为便捷与快速，为电子商务产业构建具有竞争力的先进信息基础设施。

2. 加快发展信息技术服务外包

鼓励基础电信运营商、软件供应商、系统集成商的业务转型，为电子商务企业提供平台开发、信息处理、数据托管、应用系统等外包服务。积极引进沿海知名服务企业设立区域总部，对中小电子商务企业开展软件运营（SaaS）等服务。

3. 创新发展移动电子商务

支持基础电信运营商、增值业务服务商、内容提供商和金融服务机构之间加强协作，依托应用手机和掌上电脑等智能移动终端，开展移动电子商务。加快移动电子商务服务平台建设，鼓励已涉及电子商务企业开展移动电子商务业务，逐步提高移动电子商务交易比重。开展移动电子商务试点，选择一批购物网站作为内容提供商，与电信运营商、增值业务服务商和金融服务机构之间开展对接，加快推进移动电子商务发展。

第四节　保障措施

一、加强组织领导和统筹协调，形成良性互动机制

加强本地区各部门协同合作，统筹规划、整合资源，完善电子商务协调推进机制。成立以各地区政府部门主要领导、各职能部门负责人为成员单位的地方电子商务产业发展领导小组。领导小组的主要职能为：负责部署电子商务发展总体工作并协调跨部门工作，指导各责任单位承担项目的实施，协调各参与单位任务推进中的衔接，保持与有关部门的工作沟通。对与政府对接的电子商务企业的相关业务，建立绿色通道，提供窗口咨询，提高办事效率。领导小组办公室可设在各地区商务部门（厅、局）或经信部门（厅、局），负责日常工作。办公室主任由区商务局或经信局主要负责人担任，副主任可由各地区政府办副主任担任。

各地区可根据实际情况成立地方性电子商务行业协会，并充分发挥行业协会中介组织作用，积极组织各行业的电子商务应用交流会，促进行业交流和学习。支持行业

协会与相关科研院所联合开展电子商务应用情况调研，发布行业电子商务应用报告，促进电子商务健康有序发展。

二、完善产业发展配套政策

各地方要解决平台建设中出现的各种问题，并且推动重大专项行动的管理与落实，充分发挥企业的市场主体作用，支持企业通过产学研用相结合的方式开展技术和产品的研发，建立技术和产业联盟。鼓励企业与科研机构、高等院校联合设立各类研发中心，联合开展技术研究、产品开发、标准制定、应用推广等工作。配合重点企业引进人才，强化各地区城市整体发展规划，提高城市管理水平，加快园区信息化建设，完善城市服务功能。同时加强社会治安综合治理，改善生活居住环境；加快智能型交通的发展，提高物流效率，改善外资企业服务水平。

三、完善电子商务产业政策

认真贯彻和落实现有的国家、省（市）级及地方扶持电子商务发展的各项政策法规，进一步研究制定与电子商务发展密切相关的财政、人才培养与引进、政府监管等方面的相应政策，大力促进电子商务发展。规范电子商务统计方法和统计体系，完善地方电子商务统计数据，定期开展电子商务统计，建立电子商务信息发布制度。

四、加大基础设施建设力度

加快基础通信设施、光纤宽带网和移动通信网建设，推动“三网融合”。构建基于IMS、IPv6和OTN/DWDM，并支撑融合业务发展的信息通信网络。积极利用新一代移动通信技术建设宽带无线城市，实现覆盖城乡、有线无线相结合的宽带接入网。全面推进光纤到楼、入户、进村，实现政府机关和公共事业单位光纤网络全覆盖和新建小区光纤宽带全覆盖。实施信息化和工业化融合战略，鼓励企业基于研发、采购、制造、营销和管理等全领域信息化，推动上下游中小企业信息化应用，加快推进企业信息化。推进农村地区和边远地区的宽带互联网等信息通信基础设施建设，建立健全农村信息服务体系。

五、加大电子商务人才培育和人才引进力度

鼓励和支持高校与各地方合作，开展电子商务、网络零售、物流等学科建设。建立健全多层次的培训体系，鼓励企业根据自身实际邀请国内知名专家为企业授课，与高校、研究机构联合开展应用型人才培训和入职培训，鼓励企业和相关人员参加行业协会和其他相关社会培训机构举办的各类交流和培训活动。加大电子商务人才引进力度，建立电子商务人才激励措施，多渠道引进适合各地方电子商务发展的高端人才和复合人才，建立健全专业化电子商务技术和管理人才队伍，根据相关政策为电子商务高层次人才提供住房保障、子女教育、就业、税收优惠等方面配套服务。

六、营造良好的发展环境

开展电子商务发展战略和政策研究，建立和完善发展评价体系，提升电子商务统计监测、分析的科学化水平。建立重点电子商务企业（园区）运行监测统计信息发布制度，研究制定电子商务产业统计指标体系，规范电子商务统计工作。加快研究制定电子商务行业标准，出台针对在线支付、安全认证、物流配送等支撑服务环节的行业标准和规范。加强行业协会等中介组织建设，提升行业管理和服务水平。加大电子商务宣传力度，积极营造良好的政策导向和舆论氛围。

七、切实抓好任务的落实

充分发挥好各地区电子商务工作领导小组及其办公室的综合协调作用，明确职责，健全机制，形成合力，切实做好《电子商务产业发展规划》的任务分解和工作落实等工作。加强对实施情况的考核、评估和监督检查，提高考核评估的针对性、科学性和有效性，推动《电子商务产业发展规划》按时间节点、内容、要求全面落到实处。

思考题

1. 为什么必须制定电子商务产业发展规划？
2. 电子商务产业空间布局的具体内容是什么？
3. 如何建设电子商务产业园？
4. 农村电子商务有何特点？
5. 如何培育电子商务产业集群？
6. 如何培养网商群体？如何提高网商的职业技能？
7. 如何建设与营运 O2O 展示体验中心？
8. 如何构建与电子商务产业发展相适应的云计算中心？
9. 电子商务产业与大数据的关系是什么？如何推动区域大数据产业发展？